AF569590

Herausgegeben und
übersetzt aus dem Spanischen
von Klaus Laabs

Bibliothek César

B

César Aira

Duchamp in Mexiko

Essays

 Matthes & Seitz Berlin

Duchamp in Mexiko

Als Tourist in Mexiko, noch einmal! Ich fasse es nicht, wie kann man nur so blöd sein! Noch einmal! Noch einmal in die Falle gegangen! ... Wie der Springteufel mit der Spiralfeder, nur andersrum: der Clownskopf, der nicht aus dem Kasten raus-, sondern in ihn reinspringt, und ich mit ihm. Ein Palast, klack! Rein mit mir! Eine Kirche, klack! Ein Museum, klack! Der Deckel ist drauf, und ich gucke ihn mir von unten an, ungläubig, sprachlos. Wie konnte ich nur noch einmal in dieselbe Falle tappen? Und es ist genau »dieselbe«, genau »noch einmal«! Das ist es, was mich dabei am meisten wurmt. Ich wusste doch, was gespielt wird, wie konnte ich mich da breitschlagen lassen? Und von wem eigentlich? Von mir selber? Ein anderer kann es nicht gewesen sein. Erklären kann ich mir das nur damit, dass ich mich irgendwie aufgespalten habe, es muss ein Doppelgänger sein, mein zweites

Ich, das jetzt hier in Mexiko ist. Man glaubt, man wird aus Schaden klug und lernt aus Erlebtem dazu, doch dann bleibt in einer vergänglichen Verkörperung von einem selbst das Bewusstsein dahinter zurück, und man stolpert in der Gegenwart über denselben Stein. Dass Mexiko die Gegenwart ist und ich in ihr, darüber könnte ich mich totärgern! So was von unüberlegt und dämlich! Die Selbstvorwürfe können gar nicht groß genug sein.

Was soll's. Bleibt das Praktische: Wenn ich schon mal hier bin, zum Glück nicht für lange, muss ich daraus wenigstens irgendeinen Nutzen ziehen. Um die Zeit rumzukriegen, habe ich mir vorgenommen zu schreiben. So finde ich zumindest den Trost einer gewohnten mechanischen Betätigung, bei der ich nicht denken muss und die mich zugleich in Anspruch nimmt. Ich könnte auch handfester Nutzen daraus ziehen und shoppen gehen. Wir argentinischen Touristen profitieren vom Wechselkurs; sie haben das Geld hier wie die Verrückten abgewertet, so dass im Moment alles unglaublich billig ist. Aber man müsste Lust dazu haben und außerdem die Energie, sich auf die Suche nach Dingen zu machen, die sich wirklich lohnen, die wirklich spottbillig sind, man wird nämlich immer anspruchsvoller; der Vorteil des automatischen Sparens bewirkt nur, dass man es immer mehr übertreibt – wie ein Geiziger andersrum, der letztlich aber stets wie ein Geiziger ticken wird ... Allein schon die Mühe, die es kostet, sich wegen der Einkäufe auf den Weg zu machen; fertig wird man sowieso nie. Unterm Strich hat man dann nichts von der Reise gehabt, weil die Shops oder Malls, aus denen man den ganzen Tag nicht rauskommt, überall die gleichen sind.

Und trotzdem, man kommt nicht drumrum. Es ist eine Tortur, der man nicht entrinnen kann, und in gewisser Weise vermengt sie sich mit der Tortur überhaupt, dass ich Dämlack hier den Touri spiele, anstatt dass ich zu Hause geblieben wäre.

Die Frage wird noch unangenehmer in Anbetracht meiner prekären finanziellen Situation; wo ich mir doch schon seit zwei Jahren kein Paar neue Schuhe mehr geleistet habe und mit durchgewetzten Sohlen rumlaufe. Keine Frage, ich sollte mich lieber um mein argentinisches Geld kümmern, damit meine Familie den Bauch vollbekommt. Letzten Endes habe ich das mexikanische Geld mit argentinischem gekauft; auch wenn das hiesige nur noch Bündel von wertlosem Papier sind. Selbst wenn ich für einen argentinischen Peso eine Million mexikanische Peso bekäme … Da ich nicht in der Lage bin, den »einen« zu verschwenden, kriege ich folglich auch nicht die »Million«. Vermutlich liegt darin auch die Antwort auf die eingangs gestellte Frage. Der einzige Grund, warum ich hier hergekommen bin, ist Habgier, Arme-Leute-Habgier. Weil ich gewusst habe, dass hier alles spottbillig ist. Weil ich mir eine Million Paar Schuhe kaufen wollte. Auch wenn nicht die geringste Aussicht auf Erfolg besteht, ist es dieser Gedanke, der mich im tiefsten Unterbewusstsein angetrieben hat. Aber losgehen und mir ein Paar Schuhe kaufen oder sonst was von dem, was ich brauche, das wäre zu erniedrigend und würde meine Depressionen ins Unerträgliche steigern.

Bleiben die Bücher. Die sind natürlich der vorderste Grund meiner Erwartungen, besser gesagt, der einzig denkbare Grund. Alles Übrige würde ich nur aus Pflichtbewusstsein kaufen, an die Hand genommen von einem perversen Dämon; mit Büchern dagegen kenne ich mich persönlich aus. Selbst wenn alle meine Erwartungen zum Scheitern verurteilt sein sollten, so könnten die literarischen, auch wenn selbst sie nicht davor gefeit sind, einen Weg aufzeigen, wie die Sache zu bewältigen wäre. Bücher haben etwas universell Gültiges an sich, das dem Fluch des Tourismus entgehen sollte. Und in Sachen Bücher bin ich Spezialist. Wobei ich natürlich auch in so vielen anderen Sachen Spezialist bin ... Allein schon die Tatsache, dass ich mich als Spezialist im Universellen erweise, sollte mich auf der Hut sein lassen.

Vom Kaufen billiger Bücher ist noch niemand reich geworden. Wenn ich so darauf gebrannt habe, reich zu werden, dann aus dem Grund, um dieser ungesunden Subjektivität zu entfliehen, bei der es normal ist, in eine Falle zu gehen. Aus der Perspektive der Falle, von ganz unten her gesehen, ist es schwer, die Bewegungen zu beurteilen, die uns aus ihr herausführen. Man versucht es ein bisschen auf gut Glück, wobei man vor den absurdesten Manövern nicht zurückscheut. Lernen kommt nicht in Frage, dafür fehlt es an Zeit; in der absoluten Gegenwart, in der der Kampf ausgetragen wird, führt der Irrtum nicht zu einer Einsicht (was andererseits die Subjektivität verschärfen würde), sondern ist der Stoff selbst der Tat, so wie sie verzeichnet wird.

Nun gut, Simsalabim, und ich habe mich objektiviert. Diese Pyrrhussiege bin ich gewohnt. Ich habe mich objektiviert, aber nicht im richtigen Sinn, wie diese objektivierten Mexikaner, die ich die ganze Zeit an mir vorbeiströmen sehe, allerdings rückwärts, wie ein abstraktes Subjekt, das von einem zweiten Bewusstsein geprüft wird. Ich werde versuchen, in einer superkurzen Erzählung zu zeigen, wie es passiert ist, oder, sagen wir, in einer Erzählung, ihrem Handlungsgerüst, ihrem Schema. Wenn ich noch fähig wäre, eine Erzählung mit Fleisch und Blut auf die Beine zu stellen, sähe alles nicht ganz so hoffnungslos aus, wie es ist. So bleibt mir nichts weiter übrig, als alles stichpunktartig aufzuschreiben, die Fakten festzuhalten, wie sie ungefähr gewesen sind.

Der Ausgangspunkt ist diese eine Frage, die ich mir immer wieder stelle: Was tun? Was soll ich tun, du mein barmherziger Gott?

Man könnte sich, zum Trost gewissermaßen, sagen: Die Situation ist geeignet (und sogar: sie ist ideal dazu), um nachzudenken (weil ansonsten nichts zu tun bleibt) und die Gelegenheit zu nutzen, um Klarheit über die Gedanken herzustellen, wie ich am besten Ordnung in mein Leben bringe ... Nein, das wäre ein kompletter Irrtum. Weil es nichts zu bedenken und nichts zu überlegen gibt. Man muss handeln. Nachdenken nützt nur dann etwas, wenn es selbst Tat ist. Oder, andersrum gesagt, das Handeln bedarf keiner vorherigen Überlegung.

Vielleicht wäre es damit getan, ein bisschen was zu tun. Ein ganz klein bisschen vielleicht, ein leichter Anflug von Tun, ein Detail, und damit genug. Wenn es wirksam wäre, müsste es reichen.

Es gibt kein kleines Handeln. Die Wirkung, ob gut oder böse, verzweigt sich und breitet sich über alles Übrige aus.

In diesem Moment fällt mir folgende Möglichkeit ein: mich bräunen. Die rosig weiße Haut, die mich bedeckt, mit Hilfe der Sonne dunkler machen. Das schließt natürlich ein ganzes Lebensprogramm mit ein ...

Nichts Vorausbedachtes kann gutgehen.

... Noch einmal die Falle, die mit einem kreuzfidelen »Klack!« über mir zuschnappt. Paläste, Kirchen, Museen ... Die Gebäude sind schief und krumm, verstärken so den Eindruck eines schlimmen Purzelbaums ... Wenn in eine dieser alten Kirchen eine Kanonenkugel einschlüge, würde sie auf dem Fußboden hin- und herschießen wie eine Flipperkuper.

Tunkte man sie vorher in Federtusche oder Tintenfischtinte, dann entstünde ein Bild oder eher noch ein Schriftzug, der bei Lage der Dinge »argentinischer Dödel« lauten könnte. Der Horror, mit dem mich dieses Bauwerk erfüllt, wird auch nicht durch eine kleine Entdeckung abgeschwächt, die ich gemacht habe: In der Stadt hat man jeden Stein, jeden Quader, jedes Gesims einer jeden der unzähligen alten Kirchen durchnummeriert, wobei die Zahlen jeweils an der unauffälligsten Stelle mit Schablonen ganz klein in roter Farbe aufgemalt sind; sie sind aber schon von weitem unübersehbar. Die Absicht dahinter ist wohl die, die Kirchen richtig zusammenbauen zu können, falls ein Erdbeben sie wieder einmal durcheinanderschüttelt – eine Art Modellbaukasten, für den die verspielte Vorsehung freundlicherweise die Bauklötzer durcheinanderschmeißt, um so der Menschen schöpferisches Genie herauszufordern.

Eigentlich wollte ich diese Seiten ja ohne Stil, ohne jeden Anspruch schreiben, als rasch hingeworfene Notizen, eher Stichpunkte … Und doch werden daraus, ohne dass ich es will, alles Sätze, alles wird pompös und akademisch. Wenn ich irgendwann mal ohne Stil schreiben könnte, würde ich endlich leben. Aber ich weiß genau, dass ich nie schreiben werden kann, wie ich möchte. Ich schreibe gerade in meinem Zimmer im Hotel in der Calle Madero, und obwohl es nicht auf die Straße hinausgeht, höre ich das Akkordeon des Bettlers, den ich vorhin auf dem Bürgersteig auf der anderen Straßenseite gesehen habe; er (ein junger, sehr kleinwüchsiger Mann) spielt das Instrument, und ein kleines Mädchen von fünf oder sechs Jahren streckt den Vorbeikommenden das Tellerchen entgegen. Das Akkordeon hört sich fast wie eine Drehorgel an: immer gleich, mit keinem anderen Rhythmus als dem der Wiederholung, ohne erkennbare Melodie. Es lässt sich davon nur sagen, dass es ein Akkordeon ist und jemand es spielt. Ich habe nicht gesehen, dass jemand etwas auf den Teller gelegt hätte, und wenn es danach ginge, was der Bettler tut, würde ich sagen, er hat auch nichts verdient. Er will es aber nicht dafür, was er tut, sondern dafür, was er ist: ein Bettler. Ich frage mich, wie lange er noch weitermachen wird.

Es ist ein Akkordeon, und jemand spielt es. Das Minimum an Sinn. Im allgemeinen Durcheinander, das auch dem Minimum innewohnt, kommt es zu irgendeiner Bewegung, die genauso gut die sein kann, sich von ein bisschen Kleingeld zu trennen. Es ist ein Akkordeon, bis wann geht es noch weiter. Ich frage mich das, und jemand spielt es.

Doch das Ziel dieser Notizen, die sehr kurz sein werden, besteht darin, den Kauf zu erzählen, den einzigen, zugleich mehrfachen, den ich getätigt habe. Zuvor noch eine Erklärung, damit er nicht im luftleeren Raum steht.

Gegen jede Illusion von Stil spricht zu meinen Gunsten die Überzeugung, dass, was ich erzähle, zu erzählen nicht lohnt. Die Zeit ist vollgestopft mit Geschichten, und niemand macht sich die Mühe, sie zu erzählen. Die einzige Aufgabe dieser Geschichten besteht darin, Leerräume zu füllen und die eine durch die nächste abzustützen, wie man einen Zusammenhang durch die Interaktion seiner Teile abstützt. Doch eine Geschichte, wenn sie aus ihrem Zusammenhang gerissen wird (allerdings macht eben das den Vorgang ihrer Objektivierung aus), interessiert niemanden, und sie ist nichts. Der dem Stil beigefügte Mehrwert wird dem Nichts beigefügt, und ich muss dieses Nichts kultivieren, weil es der einzige Vorsprung ist, den ich unter den gegenwärtigen Umständen habe.

Ich weiß nicht, ob ich das schon notiert habe, aber diese Geschichte gründet sich auf der Situation, zu der es in letzter Zeit immer häufiger und immer verschärfter kommt, dass man sich nämlich an einem Ort befindet, wo das Geld, das man hat, nach dem Wechseln sehr viel mehr wert ist als zu Hause. Das ist ein Effekt der Experimente in Makroökonomie, die die Regierungen unserer lateinamerikanischen Länder veranstalten. Alles wird unfassbar billig, und dadurch wird ein psychisches Bedürfnis entfesselt, Käufe zu tätigen, eine Tätigkeit, die in diesem Fall losgelöst ist von der Logik, von der sie gemeinhin begleitet wird. Die Situation an sich hat etwas Abstraktes, als wolle sie den Wert der Geschichte, der in ihr stecken kann, dementieren. Zu dieser Abstraktion, diesem Schematismus, trägt bei, wie sich die Zeit verhält:

Gezwungenermaßen ist man nur ein paar Tage an diesen Orten, aber das Geld, das man hat, würde reichen, um noch endlos weiter einkaufen zu gehen und Geld auszugeben. Um dieses virtuelle Unendlich in eine Woche zu packen, muss die Zeit asymptotisch nach innen ausgedehnt werden. Und die diesbezüglichen Geschichten nehmen etwas Absurdes an.

Ich für meinen Teil kann ohne Ende Bücher kaufen und diese lesen. Obwohl ich jetzt Geld habe und mir alles leisten kann, was ich an Büchern haben will, hat sich in mir ein Sparinstinkt aus meiner Jugend erhalten, der es mir unmöglich macht, einem Schnäppchen zu widerstehen. Nach meiner Ankunft in Mexiko hatte ich kaum meine Sachen im Hotel abgestellt und ein Sanborn's angesteuert, um mir eine Telefonkarte zu kaufen, als ich ein Buch sah ... Ich drehte es um, wollte den Preisaufkleber sehen ... und wie erwartet, es war ein Witz, praktisch umsonst ... neunundneunzig Pesos, das war, umgerechnet in Dollar, neunundneunzig mal null ... Irgendetwas aber stimmte nicht, ein Detail, das mich zögern ließ. Die Form war zwar in Ordnung, bloß der Inhalt, der ließ einen winzigen Zweifel aufkommen, ob wirklich alles seine Richtigkeit hatte. Weil man, wenn man nach Mexiko kommt, davon ausgeht, dass man mexikanische Bücher kaufen muss ... Und das hier war Import, ein Buch über Duchamp, ein großer Kunstband, Hardcover. Weder Rivera noch Orozco noch Frida Kahlo oder Dr. Atl, sondern Duchamp. Es war aber ein richtig gutes Buch, mit Fotos, die ich nicht hatte, und wie es der Zufall will, ist Duchamp mein Lieblingskünstler, aus weit mehr Gründen, als ich hier darlegen kann. Ich zögerte nur einen Augenblick und kaufte es. Der erste Schritt war getan. Alles Übrige würde sich von selbst ergeben, fast ohne jedes Zutun meinerseits. Der erste Schritt ist immer der schwerste. Er ist ein kleiner Abgrund sui generis, da heißt es, springen oder nicht springen. Man kann sein ganzes Leben lang dort stehen, ganz gleich, ob man springt oder nicht. Es ist ein Ventil, durch das die Zeit aufgepumpt wird.

Dieser ungesunde Erlebnishunger, wo wird er uns noch hinführen? In die Vernichtung.

Ich musste ihn ins Gleichgewicht bringen, mit Phasen der Leere, der Aneignung und Verarbeitung.

Ich wollte die Leere, doch die Leere stellte mich auf die Probe und wurde zur Qual. Von diesem Moment an befand sich meine Stimmung im freien Fall.

Schritt für Schritt zog es mich in eine immer tiefere Depression. Es hat keinen Zweck, dass ich mich darüber groß ausbreite. Das haben schon so viele vor mir getan. Außerdem will ich mich ja, wie gesagt, auf ein Schema beschränken. Anders könnte ich es auch nicht; aber indem ich aus der Not eine Tugend mache und zudem eine Vorhaben wiederaufgreife, das ich schon seit Jahren mit mir herumtrage, entdecke ich in diesem Moment, dass hinter der Beschränkung auf ein

Schema eine Absicht stecken kann, die wie folgt aussieht: In der Zukunft kann es einen Schriftsteller geben, Profi oder Amateur, der von derselben Sorte ist wie ich: ein deprimierter Griesgram allein in einer grauenvollen Stadt. Die Falle wird weiter bestehen; wenn nicht diese, dann eine andere, was aufs Gleiche hinausläuft. Und dann könnte ihm mein Schema als Richtschnur dienen, um etwas zu tun und die toten Stunden auszufüllen, ohne dass er sein Hirn übermäßig ausquetschen muss. Ein Schema für einen Roman zum Ausfüllen, wie ein Malbuch. So dass er sich mit einem Heft und diesem schmalen Bändchen (ich werde mich nämlich darum kümmern, es drucken zu lassen; auch diesen Entschluss habe ich gerade gefasst) in sein Hotelzimmer einschließen und Unterhaltung genießen kann, garantiert kreativ, ohne die Unannehmlichkeit, dass er anfangen muss, etwas zu erfinden. Dass es möglicherweise noch sehr lange dauern wird, ehe sich mein Fall wiederholt, macht mir keine Sorge; ganz im Gegenteil, diesen Bruder im Unglück kann ich mir besser in ferner als in naher Zukunft vorstellen: in zehn Jahrhunderten zum Beispiel, wenn wieder alles genauso sein wird wie jetzt, mein bescheidenes Schema inzwischen aber das Prestige einer antiken Schrift erworben haben wird. Vielleicht wird sein Prestige ja darin bestehen, dass es Prototyp des Romanschemas gewesen sein wird, das nach ihm dann populär wurde. Es ist tatsächlich ein Genre, das ganz neu und vielversprechend ist. Nicht mehr das des Romans, von dem eh nichts mehr zu erwarten ist, sondern ein Masterplan, damit ein anderer ihn schreibt; und der ihn schreibt, wird das nicht aus Eitelkeit oder Geschäftsinteresse tun (da die Sache ja privat bleibt), sondern als Kunst des Zeitvertreibs, als literarisches Exerzitium oder als über die Melancholie obsiegende Schlacht. Die Wohltat besteht darin, dass es nicht noch mehr Romane geben wird, zumindest nicht solche, wie wir sie kennen: Publiziert wird jeweils nur das Schema, und was für Romane jeder damit bastelt, ist seine Sache: private Fingerübungen, die nicht das Licht der Welt erblicken. Und die Veröffentlichung wird ihren Sinn haben: Man wird die Bücher kaufen, um damit etwas anzustellen. Nicht nur, um sie zu lesen oder um zu sagen, dass man sie liest.

Um auf meins zurückzukommen ... Ich kann sagen, ich war ziemlich zufrieden mit meinem Kauf und auch mit dem fließenden Übergang vom Handlungsimpuls zur Tat, die zu dem Kauf geführt hat. Ist es nicht wunderbar elegant, sich aus einer Laune heraus ein Buch zu kaufen, einfach so, aus einer momentanen Eingebung heraus? Mit einem Lachen dabei über die unbestreitbare Wahrheit, dass ein Buch für immer ist, bis zum Tod (und darüber hinaus), vor allem nämlich, weil es so schwer ist, Bücher wieder loszuwerden.

An demselben Tag, am Nachmittag, habe ich mir dann dasselbe Buch über Duchamp woanders noch mal gekauft. Es war mein erster Tag in der Stadt, und es würde mein bester gewesen sein, weil es von da an nur noch bergab gehen sollte, und das, obwohl mir noch der Flug in den Knochen steckte, der Zeitunterschied und der fehlende Schlaf, weil man im Flugzeug nicht richtig schlafen kann. Jedenfalls war ich auf Erkundung, mit einer gewissen Neugier ... Ganz schön paradox, dass bei einer Erkundungspirsch, bei der Wahrnehmung des Neuen und Fremden, meine Aufmerksamkeit von so etwas Gewöhnlichem wie einem Buch gefesselt wurde, noch dazu von einem, das ich am Vormittag desselben Tages schon gesehen und gekauft hatte. Bestimmt war es gerade deswegen. Ich trat heran, drehte es um, und was war ich überrascht, als ich sah, dass der Preis etwas niedriger war als der, zu dem ich das Buch schon gekauft hatte: fünfundneunzig Pesos. War schon der Preis an sich für meinen vermeintlichen Ausländerreichtum unerheblich, so war es der Preisunterschied umso mehr. Aber trotzdem, es gab eine Differenz; ich hatte zwar nicht die geringste Vorstellung, was ich mit den vier Pesos »Gewinn« anstellen konnte, aber das tut hier nichts zur Sache, weil, wenn man von Differenz spricht, man von der gedachten Summe aller Differenzen spricht. So dass ich, ohne groß darüber nachzudenken, und sogar mit noch ein bisschen weniger Nachdenken, das Buch gekauft habe und mit meinem Duchamp unterm Arm aus dem Geschäft hinausmarschiert bin.

Meine Stimmung verschlechterte sich. Und zugleich verbesserte sie sich. Aber das spielte keine Rolle. Mir war, als sei ich in die Zauberwelt der Arithmetik eingetreten. Bei den beiden Einkäufen hatte ich insgesamt einhundertvierundneunzig Pesos ausgegeben. Da ich vier Centavos Gewinn abziehen musste, machte es dann einhunderteinundneunzig Pesos. Der erzielte Gewinn schlug sich nieder auf den zweiten Preis, der sich damit auf einundneunzig Pesos verringerte; und hinsichtlich des ersten Preises schlug er sich doppelt nieder, das heißt vier plus vier: Neunundneunzig minus acht ergab ebenfalls einundneunzig. Damit beliefen sich die Gesamtausgaben auf einhundertzweiundachtzig. Wobei sich eine Abweichung ergab, die mich interessierte, weil viermal die Differenz von vier Pesos sechzehn und einhundertvierundneunzig minus sechzehn einhundertachtundsiebzig und nicht einhundertzweiundachtzig waren. Ich rechnete noch einmal alles durch und stellte fest, dass ich vorher nicht die ersten vier Pesos mitgerechnet hatte, die ursprünglichen, die sich aus der Differenz zwischen neunundneunzig und fünfundneunzig ergaben. Doch wegen ebendieser Denkart der »negativen Akkumulation« mussten sie mitgerechnet werden, weshalb die zweite Summe korrekt war. Nebenbei bemerkt könnte ich, was ich »Summe« nannte, genauso gut auch »Rest« nennen. Denn tatsächlich ist beides dasselbe.

Das Konsumdenken ist Teil unseres Schicksals. Und auf lange Sicht wird es, wie jede andere Sache auch, historisiert. Warum hätten mich irgendwelche Schuldgefühle plagen sollen?! Mit dem Buch unterm Arm fühlte ich mich tendenziell besser; und zugleich natürlich ein bisschen schlechter. »Historisieren« ist das Lemma meiner intellektuellen Arbeit. Früher wäre mir das nie in den Sinn gekommen, aber es lässt sich auch auf meine Anstrengungen anwenden, mein Leben in Hinblick auf das Glück zu organisieren. Indem ich sie historisierte, verschob ich diese Anstrengungen in eine andere, abgetrennte Sphäre, auch wenn es sich um dieselbe Angelegenheit handelte. Ich stellte das Schicksal als Schlagbaum auf, hinter dem eine andersgeartete Ebene lag. Zum Beispiel historisierte ich in meinen Studien über Duchamp den Künstler und sein Werk ... Nein, ich merke, dass es ein schlechtes Beispiel ist, wie jedes Beispiel; einfach, weil es kein Beispiel ist: Duchamp ist in dem geistige System, in dem ich funktioniere, die Historisierung selbst, Prozess und Methode, durch welche die geistige Arbeit historisiert wird. Sei es, wie es sei, auf der anderen Seite des Schlagbaums, wenn ich Duchamp als nachzuahmendes Modell für die Organisation meines Lebens nähme (und auch das ist ein schlechtes Beispiel, weil alles, was ich in Begriffen der Organisation meines Lebens gedacht habe, von Duchamp abgeleitet war), ... auf der anderen Seite also käme ich nicht auf die Idee, dass mein Schicksal, organisiert oder nicht, demselben Historisierungsverfahren unterworfen wäre ... Erst jetzt wird mir klar, dass in dieser Replik die Lösung meiner Probleme lag, das heißt, wenn ich mich historisiere, wenn ich meine Zukunft und meinen Terminkalender historisiere, werde ich nichts mehr zu tun haben und muss mich um nichts mehr sorgen.

Das ist natürlich einfacher gesagt als getan. Das Problem ist, dass es sich hier nicht mehr um Theorien oder um das abstrakte Schema der Tatsachen handelt, sondern um die Praxis der Realität. Und die Praxis, wie jeder Marxist weiß, verlangt danach, aus dem Selbstzwiegespräch auszubrechen. Das heißt, ich würde meine Depression, meinen Pessimismus von der anderen Seite, von hinten sehen, wie ein übergewichtiger Tänzer, der sich, um sich selber sehen zu können, filmen lässt – in der nutzlosen Hoffnung, so seine Technik verbessern zu können.

Das Buch war sehr groß, mit einem roten Schutzumschlag, weithin sichtbar. Das dritte Exemplar fand ich am darauffolgenden Tag im Bücherbereich eines Shoppingcenters. Diesmal nahm meine Neugier eine klarer strukturierte Form an. Da aller guten Dinge drei sind, ahnte ich schon, dass der Preis noch einmal ein anderer sein würde, ich fragte mich aber, ob ein geringerer als die beiden zuvor. In den ersten beiden Fällen war die Folge vom Größeren zum Kleineren gegangen, hätte aber auch umgekehrt verlaufen können; es gibt so viele Möglichkeiten in die eine wie die andere Richtung. Im dritten Fall ... Ich bin in solchen Berechnungen nicht gut, sie sind ziemlich kompliziert; aber die Wahrscheinlichkeit, dass die Skala weiter nach unten gehen würde, verringerte sich. Und dennoch, was für ein Zufall, sie ging nach unten: Es waren fünfundachtzig Pesos. Ich kaufte es, ohne zu überlegen, falls doch, dann nur kurz. Wenn mir eine Frage zu denken gab, als ich so mit meinem Buch unterm Arm durch die Straßen ging, dann war es die nach der Summe der Preisunterschiede und wie ich sie errechnen sollte. Der erste war vier Pesos (von neunundneunzig zu fünfundneunzig), der zweite vierzehn (von neunundneunzig zu fünfundachtzig); zwischen beiden lag die Differenz zwischen dem zweiten und dem dritten Preis (zwischen fünfundneunzig und fünfundachtzig): zehn. Die Gesamtsumme der Preisunterschiede betrug achtundzwanzig. Die aufeinanderfolgenden Ersparnisgründe beim Kauf des zweiten Exemplars hatten mich den ursprünglichen Preisunterschied dreimal addieren, das heißt, diesen mit vier multiplizieren lassen. Ich durfte aber nicht in den Fehler verfallen, auch die neuen sich ergebenden Differenzen mit vier zu multiplizieren; das heißt, ich argwöhnte, es könnte ein Fehler sein (obwohl es dann doch keiner war), weil die Rechenoperation nur mit Summen angestellt werden durfte (Summen, die Reste waren) und der mechanische Charakter von Multiplikationen diese ästhetisch hier fehl am Platze sein ließen. So dass ich weiter Schritt für Schritt rechnete. Die Differenz zwischen dem zweiten und dem dritten Preis waren zehn Pesos. Durch die Übertragung gingen vom dritten Preis zehn Pesos ab (so dass sich dieser auf fünfundsiebzig verringerte) und vom zweiten zweimal zehn, das heißt, dass sich dieser ebenfalls auf fünfundsiebzig verringerte; bis dahin war es die Multiplikation mit vier: vierzig Pesos. Doch davor war es das erste Exemplar, auf das diese zweite Differenz dreimal angerechnet wurde, das heißt, der Preis verringerte sich von neunundneunzig auf neunundsiebzig. Insgesamt waren das vierzig plus dreißig, also siebzig Pesos, die zu den sechzehn vom Vortag hinzukamen. Aber damit war es nicht getan, weil die »Maximaldifferenz«, die zwischen erstem und drittem Preis, zwischen neunundneunzig und fünfundachtzig Pesos, vierzehn Pesos betrug. Dieser Betrag wurde vom untersten Preis abgezogen und reduzierte ihn auf einundsiebzig. Und wie im Fall zuvor musste er vom zweiten Preis doppelt subtrahiert werden (achtundzwanzig Pesos) und vom ersten dreifach (zweiundvierzig), doch gingen sie hier nicht automatisch auf einundsiebzig zurück, sondern auf siebenundsiebzig beziehungsweise siebenundfünfzig. So dass der durch diesen dritten Kauf erzielte Gesamtersparnisbetrag sich zusammensetzen musste aus den achtundzwanzig Pesos der Bruttoersparnis plus den siebzig, die sich aus den addierten Preisdifferenzen zwischen zweitem und drittem Kauf ergaben, plus den achtundneunzig der zwischen dem ersten und dem dritten Kauf addierten Preisdifferenzen (hier kamen zu achtundzwanzig und zweiundvierzig zweimal vierzehn hinzu, einmal wegen der ursprünglichen Preisdifferenz und das zweite Mal wegen der Übertragung auf den niedrigsten Preis). Die Summe ergab einhundertsechsundneunzig plus die aus dem zweiten Kauf erzielten sechzehn, also zweihundertzwölf Pesos. Und dies war erst ein Teilbetrag, weil mir das Schwierigste noch bevorstand: dieselben Berechnungen zu den Gesamtausgaben vorzunehmen, also neunundneunzig Pesos plus fünfundneunzig plus fünfundachtzig, das heißt zweihundertneunundsiebzig. Weshalb die Differenz eine positive Zahl ergab, weil die Gesamtausgaben größer waren als die Gesamtersparnis.

Nicht länger im Plus war ich, als ich in einem anderen Sanborn's das vierte Exemplar fand, und zu meiner großen Überraschung, die langsam nicht mehr so groß war, der Preis leicht darunter lag: zweiundachtzig Pesos. Die Chancen gegen mich mussten sich exponentiell vervielfachen, nicht, weil der Preis ein anderer sein würde, denn es war längst unübersehbar, dass es im mexikanischen Vermarktungssystem von Importbüchern keinen Festpreis gab, sondern weil ich ihn in der ordnungslosen Ordnung meiner melancholischen Streifzüge, der Selbstvorwürfe, die ich mir machte, dass ich hier hergekommen war, so oder so in Ordnung finden würde. Ich werde nicht von meinen Erlebnissen erzählen, auch nicht die von mir besuchten Orte beschreiben und von jetzt ab nicht einmal mehr meine Gemütsverfassung schildern. Meine einzige Absicht besteht darin, die Serie festzuhalten, damit sie irgendwann einmal jemandem, der erlebt, was ich gerade erlebe, oder etwas Gleichwertiges, angepasst an sein Zukunftszeitalter, als Schreibschema dient. Gerade wenn ich den Bericht vollständig machte und alle Begleitumstände beschriebe, würde ich durch meine Vorgriffe das Tun meines »Kunden« blockieren. Dieses arithmetische Schema wird erst dann mit Menschlichkeit und Pathos, mit Farbe und Volumen ausstaffiert werden, wenn jener Unbekannte der Zukunft in tausend Jahren es, schreibend, interpretiert.

Über die Nachwelt mache ich mir nichts vor. Ich glaube nicht, dass diese Fabel vom einzigartigen und vielfachen Duchamp-Buch von besonderem Wert wäre. Woran ich glaube, das ist der höchste Wert des Originären, der nie da gewesenen Tat. Die Kehrseite des Gesetzes vom abnehmenden Ertragszuwachs ist die Allmacht der ersten Tat. Und egal was dieses neue Genre des Romanschreibschemas wert ist, das hiermit vorliegende ist das erste, und daher kann es alles, ihm steht alles offen. Das natürliche Schicksal des Ersten ist es, zum Mythos zu werden; Mythen aber werden nicht geschrieben, was meiner Unternehmung den Anschein des Unmöglichen oder zumindest Paradoxen verleiht. Jedenfalls glaube ich, dass ich deshalb hier im Hotel sitze und alles während des Geschehens aufschreibe, ohne mir die nötige Zeit zu lassen, das Erlebte zu durchdenken und ihm eine künstlerische Struktur zu verleihen. Ich lebe es, improvisiere es ... Auch wenn der Anschein von neurotischer Inszenierung, den die Angelegenheit hat, sie vom freien, unvorhersehbaren Leben entfernt, ist sie eher das Ritual eines fremden Mythos, der trotz allem Stück für Stück im Prozess selbst zutage tritt.

Gut jetzt. Genug Autobiografie. Kommen wir zu den Zahlen, sie reichen, um das Schema herzustellen. Jeder, der auf der Grundlage dieses Schemas einen Roman schreibt, wird dafür Sorge tragen, es mit Fleisch und Blut und mit den Tränen der Phantasie zu erfüllen, wo ich ein abstraktes Zeichen setze, den Punkt, durch den die Kurve gezeichnet wird oder auf den sich das Volumen stützt. Da, wo er eine Fünf sieht, setzt er ein Lächeln ein, für eine Neun einen Schuss in der Dunkelheit, für eine Sechs die Liebe ... Er wird es verstehen, alles aus dem Schema herauszuholen. Eine Fünfzehn (Regengeprassel) kann die Summe aus der Acht (Scheidung) und der Sieben (Haareschneiden) sein. Und so weiter. Wobei hier klargestellt sei, dass die gegebenen Beispiele alle rein zufällig und völlig absurd sind.

Zweiundachtzig. Das war der Preis des vierten Exemplars, das ich gestern Abend kaufte. Die Differenz zum dritten, das mich fünfundachtzig gekostet hatte, waren drei Pesos. Die

Folge der Bruttodifferenzen war jetzt dreigliedrig: vier, zehn, drei. Ich will noch einmal als Zwischenrechnung zeigen, wie sich die Differenzen akkumulieren. Beim Kauf des zweiten Exemplars hatte ich vier Pesos gespart, beim Kauf des dritten zehn Pesos im Vergleich mit dem zweiten und vierzehn im Vergleich mit dem ersten. Beim Kauf des vierten nun sparte ich in aufsteigender Linie drei, dreizehn und siebzehn Pesos. Das aber, ohne zu akkumulieren, und die Akkumulation wäre eigentlich der Schlüssel. Beispielsweise hatte ich im Vergleich vom vierten und ersten Exemplar siebzehn Pesos gespart, aber nicht nur durch den Kauf des vierten! Weil ich jetzt, mit der gesamten Serie vor Augen, sagen könnte, dass ich beim Kauf des zweiten Buches nicht nur vier Pesos gespart hatte, sondern auch siebzehn. Und dasselbe beim Kauf des dritten. Und am überraschendsten war es beim Kauf des allerersten Buches, weil das erste mich neunundneunzig Pesos kostete, mich aber zum vierten Zeitpunkt siebzehn Pesos weniger kostete: zweiundachtzig; und weil das Buch immer das gleiche war, galt die Ersparnis jetzt für alle Exemplare. Indem ich vier Exemplare in meinem Besitz hatte, konnte ich siebzehn mit vier multiplizieren (und vier mit vier, und zehn mit vier, und drei mit vier, und vierzehn mit vier, und dreizehn mit vier), wobei ich natürlich nicht multiplizierte, sondern einfach addierte; das ging zwar etwas langsamer, gab mir aber mehr Sicherheit. Auf dieser Stufe war es schon schwierig, alles im Kopf zu rechnen, aber weil es mir Spaß machte, nahm es mich mehr in Anspruch und lenkte mich bei meinen nicht enden wollenden Spaziergängen ab.

Unnötig zu sagen, aber ich sage es dennoch, ich fing an, Kassenbons zu sammeln. Ich hatte schon vier Stück, die steckte ich in einen Umschlag. Ich machte mir keine Notizen, meine Kassenbonsammlung würde mein einziges Protokoll sein; bei allem Übrigen würde ich mich auf mein Gedächtnis verlassen. Früher hätte ich Hunderte Seiten vollgeschrieben und hätte mir für diese Plackerei extra Kugelschreiber gekauft und Unmengen von Heften, weil man immer, wenn man eins gekauft hat, ein anderes sieht, das einem besser gefällt (oder es ist billiger), und ich hätte sie unaufhörlich vollgekritzelt, von vorn und hinten. Irgendwie hatte ich mich verändert. Bei diesem neuen Projekt waren einzig die Kassenbons Papier, die Sammlung, die ich mir davon angelegt hatte, und die schrieb nicht ich, sondern sie kamen schon gedruckt aus der Maschine. Tatsächlich könnte das Buch, das ich zu publizieren gedenke, ausschließlich aus Faksimilereproduktionen der Kassenbons bestehen, vergrößert in dem Format wie besagtes Duchamp-Buch. Zusammen mit ein paar erklärenden Zeilen zur Einleitung sollte das genügen, um das ganze Abenteuer wieder auferstehen zu lassen: Jeder könnte es nach seinem Gutdünken verfassen, mit seinem persönlichen Stil und seinen eigenen Berechnungen, die, auch wenn man der Mathematik nachsagt, unpersönlich zu sein, immer verschieden geraten, immer in Abhängigkeit davon, wer sie anstellt, das heißt in Abhängigkeit davon, wer entscheidet, welche Operationen mit welchen Zahlen angestellt werden. Die »paar erklärenden Zeilen zur Einleitung« sind die, die ich hier schreibe, und wenn ich mich darüber auf mehr als einer oder anderthalb Seiten ausbreite, wie es ästhetisch angezeigt wäre, dann im Bestreben um Klarheit. Von nun an aber werde ich mich, da nun alles erklärt ist, kürzer fassen.

Auf das fünfte Buch habe ich dann schon wie ein Schießhund gelauert, »mit der geölten Wachsamkeit eines Oberkellners«, wie man so sagt. Sein Preis: achtzig Pesos. Es ging immer noch tiefer. Kauf. Kassenbon. Es war schon der dritte Tag meines Aufenthaltes in der Stadt, ein Sonnabend. In diesen vierundzwanzig Stunden brachte ich es nur auf ein einziges Buch. Nicht dass ich mich auf die Jagd danach gemacht hätte, ganz im Gegenteil. Eigentlich hatte ich geglaubt, die Serie wäre zu Ende, wie ich es nach jedem Kauf gedacht hatte. Dass mir das Buch immer wieder begegnete, hatte für mich etwas Wundersames, obwohl es die natürlichste Sache der Welt war. Mich überraschte auch immer wieder die völlige Gleichheit, die allerdings auch zu erwarten gewesen war, weil selbst bei einer Auflage von mehreren Tausend alle Exemplare genau gleich aussehen müssten. Wenn sie neu sind, ist es unmöglich, eins vom anderen zu unterscheiden. Der einzige

Unterschied bestand für mich im Zeitpunkt, in der Chronologie, wann sie auftauchten. Darin waren sie dann doch unterschiedlich und konnten unterschiedlicher nicht sein. Zum Unterschied im Zeitpunkt kam ein weiterer hinzu: der des Preises. Dabei gab es sehr wohl etwas, was mich zu Recht verblüffte: dass die zeitliche Reihenfolge übereinstimmte mit der absteigenden Folge der Preise. Doch sobald es gekauft war, kehrte es zur anfänglichen Gleichheit aller zurück. In meinem Hotelzimmer stapelte ich sie auf dem Tisch, und es spielte keine Rolle, wenn sie durcheinanderkamen, zum Beispiel indem das Zimmermädchen den Stapel ab- und wieder zurückräumte. Sie waren doch ohnehin alle völlig gleich! Und mit der Reihenfolge konnte ich durch den bemerkenswerten Umstand nicht durcheinanderkommen, auf den ich bereits hingewiesen habe, dass nämlich in der Reihenfolge ihres Kaufes, und jedes Mal bestätigend, worin für mich die eigentliche Folge bestand, die Preise immer mehr sanken. So dass ich, wenn ich sie den Kassenbons nach ordnete, mit dem höchsten Preis beginnend und mit dem niedrigsten endend, auch die Geschichte geordnet hatte. Dieses fünfte Exemplar stellte im Vergleich zum ersten einen Preisunterschied von neunzehn Pesos dar.

Wie schon gesagt, rechnete ich alles im Kopf aus, ohne Hilfe von Zettel und Stift, und ich nahm jedes Mal eine Gesamtberechnung vor, nicht nur eine zu dem Teil, der den letzten Kauf betraf; Letzteres war nötig, weil es keine Zwischenberechnungen gab (und nicht geben konnte): Die letzte Ersparnis wirkte sich auf alle vorherigen aus, und die früheren Kalkulationen waren unnütz geworden; obwohl es nicht unnütz war, sie an jedem einzelnen Abschnitt neu anzustellen, weil davon die Fortsetzung abhing. Ehrlich gesagt, bin ich ziemlich schwach in Kopfrechnen; obwohl ich ungeahnte Fähigkeiten in mir entdeckte, wurden die Fehler häufiger, und ich musste wieder mit meinen gleichförmigen Zahlensäulen im Kopf anfangen. Die geringste Ablenkung ließ mich den Faden verlieren. Bis ich irgendwann anfing, die Ablenkungen als Gedächtnisstützen zu benutzen: Ich ging in eine der schiefen Kirchen, setzte mich auf eine Bank, addierte mit verlorenem Blick stundenlang, und die auf die Steine gemalten kleinen roten Nummern wurden zum sichtbaren Echo auf meine unsichtbaren Zahlen.

Bei alldem entging mir nicht, dass es eine mathematische Formel geben musste. Mit einer Formel würde die Berechnung automatisiert, oder, was hier sachdienlicher wäre, sie müsste gar nicht erst angestellt werden. Sie wäre so etwas wie der Masterplan der Zahlen, so wie die Zahlen der Masterplan des Romans sind. Meine fehlenden mathematischen Kenntnisse gebieten mir, gar nicht erst nach der Formel zu suchen (ich wüsste nicht, wo ich mit der Suche überhaupt anfangen sollte), aber gegen ihre Anwendung habe ich absolut nichts;

im Gegenteil, ich halte sie für den nächsten logischen und natürlichen Schritt der Operation, denn wenn diese darin besteht, die Berechnungen anzustellen, um nicht den Roman zu schreiben, kommt als Nächstes, die Formel anzuwenden, um nicht die Berechnungen anzustellen. Und es müsste noch einen dritten Schritt geben, der es unnötig machen würde, die Formel anzuwenden. So würde man dahin kommen, nichts zu tun, sich wegen nichts Probleme zu machen und am Ende glücklich zu sein.

Ich will mich nicht weiter darüber ausbreiten, weil es ein diesem Bericht fremdes Thema wäre, sehe aber als gegeben an, dass sich das Buch über Duchamp durch diese Manöver immer mehr in einen fremden Gegenstand verwandelte ... Das ist jedes Buch, und zwar durch die Verbindung von Einheit und Vielheit sowie durch die Tätigkeiten, denen man sich im Zusammenhang mit ihm widmet; in diesem Fall verschärfte sich die Fremdheit fast bis an die Grenze des Undenk- und Unvorstellbaren.

(Es folgen etliche Skizzen.) Diese barocke Bebauung, die den Reiz der Stadt Mexiko ausmacht, von mir persönlich als »Falle« beurteilt, befindet sich tatsächlich im Abschließungsprozess. Die Einsturzgefahr, die offenbar die Sorge jener Leute ist, die die Steine durchnummeriert haben, ist weniger wichtig. Die Hauptsache ist der »Abschluss«, das heißt der Prozess, in dem seine Voluten, Gewände und dergleichen

Bagatellen entstehen. Dieser Prozess ist von so grundlegender Bedeutung, dass er schon vor dem Bau begann.

Das Geheimnis der Tourismusindustrie, der dieses Land so immense Bedeutung beimisst, besteht darin, die Nationaldenkmäler zu miniaturisieren, damit der Besucher sie kaufen und im Koffer getrost nach Hause tragen kann. Das ist es, was die Tourismusindustrie in der Konsumgesellschaft am Laufen hält. Die Methoden des Miniaturisierens sind äußerst vielfältig; in ihrer Gesamtheit sind sie eine große Wolke, auf der der Tourist als Tourist dahinschwebt. Dabei spielen alle Gaukeleien der Darstellung zusammen. Die Sehenswürdigkeiten können noch so groß sein, es wird ein Spiel von Mutationen in Gang gesetzt, das, wie der Darwinismus, immer funktioniert. Aus den Landschaften kann man Puzzles herstellen, aus den Bergen Anhänger fürs Kettchen. Schon mein verehrter Duchamp, der Wegbereiter, schloss Pariser Luft in eine Glasampulle ein. Und wenn ein Land das sorglose Leben an seinen Stränden im Angebot hat, reicht es, wenn es im verkleinerten Maßstab die Zeit darstellt. Ein äußerst praktischer Kurzschluss ist es, den Wert der Währung zu miniaturisieren. Mit Liliputgeld können sich selbst arme Touristen wie ich alle Miniaturen leisten, nach denen es sie gelüstet, und sogar noch ein paar mehr, zum Verschenken.

Ich weiß nicht, ob es daher kommt, dass ich Schriftsteller bin, aber ich denke, dass alles, so groß es auch sein mag, früher oder später zwischen zwei Buchdeckeln landet, das Buch ist Urform und Original der Miniatur. Es miniaturisiert die Welt nicht nur, sondern außer dass es sie herstellt, erzählt es sie auch und erklärt, *wie* es sie herstellt. Mir ist dieser Tage der poetische Gedanke gekommen, einen Katalog der nationalen Natur- und Kunstschätze in Form von Lesezeichen anzulegen (die hierzulande, als hätte man meinen Gedanken vorweggenommen, Trennzeichen heißen). Und ich spreche nicht von bloßen Fotografien oder Zeichnungen, sondern von dreidimensionalen Miniaturen, denen sich auch die Bücher anpassen sollten. Wobei ich mir sicher bin, dass sie es, der Abstammungslehre gehorchend, so gut tun würden, dass die Transformation nicht nur die Form, sondern auch den Inhalt und, von diesem ausgehend, unser Verständnis von Welt und Leben umfassen müsste. Ein Lesezeichen wird zwischen die Seiten eines Buches gelegt, wenn man die Lektüre unterbricht, bevor man zu Ende gelesen hat. Und es wird wieder herausgenommen, wenn man die Lektüre fortsetzt. Das heißt, seine Nützlichkeit reicht vom Herausnehmen bis zum Hineinlegen. Und die Formen der Zeit sind unvorhersehbar, weil sie sich aus dem Negativabdruck ergeben, in einer Abformung, in die sich die Fakten einpassen. Heute habe ich unter einem wolkenverhangenen Himmel ein paar Paläste abgeklappert, rein raus, rein raus. Das »Klack!« der Steindeckel markierte das Voranschreiten der Stunden bis in die

Nacht. Ich glaube, das Design der Uhren, wie wir sie kennen, ist barock: Es ist das Modell einer Implosion.

Während ich mich mit den mich plagenden Auflösungserscheinungen herumquäle, während ich daran denke, dass mein Leben eine einzige selbstverschuldete Katastrophe ist, und kindische Pläne schmiede, um es in Ordnung zu bringen, handele ich vergebens, oder besser gesagt, ich denke und denke und handele nicht. Ich sollte praktischer sein. Ich sollte glücklich sein. Warum sich Sorgen machen? Wo doch alles Zeit ist! Und alle Zeit ist dieselbe Zeit und ist genau so viel wert, die großen Portionen so viel wie die kleinen.

Der Berechnung nach, die ich, in der Calle Madero unterwegs, mit dem Duchamp-Buch Nummer fünf unterm Arm anstellte, belief sich die Menge der Pesos, die ich durch die aufeinanderfolgenden (so zufälligen wie unveranlassten!) Preissenkungen akkumuliert hatte und die inzwischen enorm gewachsen war, auf mehrere Zehntausend. Doch bei der ebenso enormen Abwertung des mexikanischen Pesos war der Realwert weiterhin unbedeutend. Allerdings haben auch Mengen ihre Transmutationsschwellen (oder sie haben sie par excellence), und es könnte der Moment kommen, an dem ich plötzlich reich wäre ... negativ reich, das schon, aber nicht mehr arm. Die in ihren goldenen Leimrutenbäumchen sitzenden Heiligen schauten von den Altären auf mich herab, und für Augenblicke schien es mir, als beteten *sie* für *mich*.

Am Tag darauf, einem Sonntag, kam es zu einer Beschleunigung, so unveranlasst wie alles andere zuvor oder noch unveranlasster, falls das möglich ist. Das folgende Exemplar kaufte ich für neunundsiebzig Pesos, einen weniger als bei dem zuvor, was selbst in meinem mikroökonomischen Privatmodell nicht viel ist, aber das Viel oder Wenig zählte hier nicht; beim Preis zählte nur das Niedriger, und sei es um ein Hundertstel Peso, um einen Centavo, oder um ein Hundertstel von einem Centavo. Die Situation hatte etwas von sittengeschichtlichem Déjà-vu; wem ist es noch nicht passiert, dass er etwas zu einem ihm angemessen erscheinenden Preis kauft und es dann woanders billiger sieht … Im Fall des Touristen, der eine Währung mitbringt, die einen extrem günstigen Wechselkurs hat, ist die Sache weniger folgenreich. Er kann sich sagen, dass er dadurch »jedenfalls nichts verliert«, weil es ihn wie schon beim ersten Mal ohnehin nichts gekostet hat, oder das Äquivalent von nichts. Obwohl es immer den gibt, der sagen wird: »Es ist ja nicht wegen des Geldes, sondern wegen des Fakts.« Na schön, wer sich auf den Fakt einlässt (das heißt letzten Endes der Realist), wird der ideale Held meiner kleinen Parabel sein. Natürlich würde diese Sorte Leute schwerlich ein Buch zum Gegenstand machen, und mit einem anderen Gegenstand wäre es nicht mehr dasselbe. Ich würde sogar sagen, es wäre nicht dasselbe mit einem anderen Buch, mit einem, das nicht von Duchamp handelt.

Bei der mit dieser neuen Preisänderung einhergehenden Berechnung entdeckte ich eine Extraoperation, die mir bislang entgangen war. Dazu trug der zufällige Umstand bei, dass hier die Preisdifferenz ein Peso war. Es ging um Folgendes: Die jüngste Ersparnis wirkte sich durch Übertragung nicht nur auf alle vorangegangenen Preise aus (das heißt, jetzt, durch das Sparen eines Pesos, wurde der erste Preis der Serie achtundneunzig Pesos, so wie er beim fünften Kauf siebenundneunzig geworden war, wenn man die zwei eingesparten Pesos mit einrechnete), sondern wirkte sich durch die Übertragung der Übertragung auf die Ergebnisse der Übertragung aus (oder der erste Preis, nachdem er durch Übertragung auf achtundneunzig gesunken war, sank durch Übertragung der Übertragung ebenfalls auf siebenundneunzig). Das hätte sich unmöglich berechnen lassen, zumindest im Kopf nicht, aber zum Glück gab es eine einfache Methode, es dennoch zu tun, da die Menge von Übertragungen zweiten Grades übereinstimmte mit der Menge von Rechenoperationen, die ich angestellt hatte. So dass ich nebenher die Berechnung der Mengen der Summen und Restbeträge, bei denen ich gerade angekommen war, anstellen, und zum Schluss den Gesamtbetrag mit jeder Bruttoersparnis multiplizieren musste, die ich im Verlauf der Serie erzielt hatte. So blieb mir doch noch (es war aber das einzige Mal) am Schluss nichts weiter übrig, als zum allzu bequemen Multiplizieren Zuflucht zu nehmen, weil ich sonst verrückt geworden wäre.

Das siebte, das ich unverhofft nur Stunden später entdeckte, hatte einen Preis, der mir die Sprache verschlug: zweiundsechzig Pesos. Ein Sprung nach unten um siebzehn Pesos. Im Vergleich zum ersten sage und schreibe siebenunddreißig Pesos, mehr als ein Drittel; das war an sich schon bemerkenswert. Und es war das Ergebnis meines Aufenthalts in der Stadt; es machte mir deutlich, wie wichtig es gewesen war, dass ich trotz allem, trotz meiner Lust, Mexiko den Rücken zu kehren, geblieben war; auch nur ein paar Tage länger durchzuhalten hatte diese überraschenden Ergebnisse gezeitigt. Die »Wichtigkeit« ist natürlich unter jedem Gesichtspunkt relativ. Diese neuerlichen siebzehn Pesos brachten für die Berechnungen eine andere Größenordnung mit sich. Eine rasche vorläufige Summe von direkten Bruttodifferenzen und Übertragungen brachte mir ein Ergebnis von vierhundertvierundvierzigtausend Pesos. Und außer all den Summen, die fehlten, musste ich diese Zahl mit sich selbst multiplizieren, um mich langsam um die »Rebound«- oder »Feedback«-Übertragungen zu kümmern. Prima facie war der Gesamtbetrag, ohne groß nachzurechnen, einhundertsiebenundneunzigtausendeinhundertsechsunddreißig Millionen Pesos. Selbst diese astronomische Menge war, weil mexikanische Pesos, praktisch nichts wert. (Obwohl der Tagesverdienst eines Arbeiters hierzulande dreiundzwanzig Pesos beträgt.) Doch es war der »Fakt an sich«, und sosehr ich mich gegen das Offenkundige sträubte, so erklärte sich doch, dass ich hier tief in der Falle aus »Fakten an sich« saß. Darum gibt es auf die ursprüngliche Frage (»Wie konnte ich da hineingeraten?«) keine Antwort. Jede Feder der Falle, jede Implosion ist ein Fakt an sich. Nebenbei gesagt war es der geringe Wert der Währung, der mir gestattete, ungeniert die unvermeidlichen Fehler zu ertragen, die sich immer öfter in meine Berechnungen einschlichen. Wenn ich sie bemerkte, und wenn ich sie nicht bemerkte ebenfalls, rief ich in meinem Innersten aus: »Was soll ich mir wegen ein paar Pesos mehr oder weniger den Kopf zerbrechen? Wo sie doch sowieso nichts wert sind!«

Als eine verschwommene, unstoffliche Erinnerung, wie eine Erinnerung aus einem anderen Leben, schien in mir der alte, so gehätschelte Wunschtraum auf, wahnsinnig viel Geld zu besitzen, unerschöpfliche Mengen: eine Quelle, die nie versiegt. Das ist kindisch, aber wer hat sich das nicht auch schon gewünscht, und sei es in der Phantasie? Meine Phantasien sind barock, gleichzeitig aber simpel: Sie halten an einer zentralen Linie fest, der Habgier in Reinkultur. Was davon abweicht, die Voluten, sind die Handlungen oder Fakten, mit denen ich die Mechanik der unendlichen Provision erfinde.

Nun gut, unter den gegenwärtigen Umständen dringt das von so weither zu mir, dass der jüngste Einfall in diesem Sinn als Tagtraum fast nicht wiederzuerkennen ist. Ich notiere ihn hier unter dem Vorbehalt, dass er nichts mit dem Schema oder dem Masterplan zu tun hat. Jemand gibt mir ein Stückchen rohes Fleisch, rosa und ockerfarben, einen Streifen von zehn Zentimetern Länge, an dem sich schon ein gelbliches schwammiges Etwas angesetzt hat, wie Fett. Es ist schlaff und eklig, aber nicht verfault, hat keinen schlechten Geruch und ist auch nicht sonderlich schmutzig. Nun gut, es stellt sich heraus, es ist ein Stück Eingeweide der Muttergottes. Nicht mehr und nicht weniger. Das kann mir dazu dienen, damit alles Geld der Welt zu machen, mein Leben lang. Nicht, indem ich es verkaufe, das wäre zu billig, sondern auf andere Art, wie jemand, der die richtigen Schlüsse aus der Geschichte vom Huhn mit den goldenen Eiern gezogen hat. Man muss das Stück Muttergottes, damit es produktiv wird, zwischen die Gläubigen legen. Mein Traum, für immer über eine »Geldfabrik« zu verfügen, nimmt Gestalt an. Bleibt ein Problem, das mir deutlich wird, als mir wieder einfällt, wo ich bin (in der Falle) ... Wie soll ich damit durch den Zoll kommen? Ich kann es mit Ameisenschmuggel riskieren und das gute Stück in der Tasche tragen, aber bei dem Pech, das ich immer habe, vor allem in meinen Phantasievorstellungen, da aber besonders, bin ich mir sicher, dass sie es entdecken werden. Bleibt eine einzige Lösung, und die ist die schwierigste: die genetische Zusammensetzung der Zellen dieses Fleisches verändern und daraus Schildkröteneingeweide machen.

Das kostbare Stückchen Eingeweide mit seiner grenzenlosen Produktivität ist das Urmodell aller Lesezeichen. Wenn mich jemand fragt, warum ich die Reliquie in mein Heimatland bringen will, wo es keine Gläubigen gibt, anstatt sie hier in Mexiko, wo es ihrer mehr als genug gibt, für mich arbeiten zu lassen, könnte ich antworten: Und wozu will ich in Mexiko reich sein? Um weiter immerzu das gleiche Buch zu kaufen? Hier bin ich ja schon reich, bin es und bin es nicht.

Na klar wird ein elendes Schildkröteneingeweide in Argentinien oder wo auch immer nur für Gelächter sorgen. Es ist die Falle im Falle der Falle: Innen ist sie nichts wert, draußen noch weniger. Entschließe ich mich jedenfalls, es hier zu verwerten, könnte ich es in Stein reproduzieren lassen, von der Größe eines Berges, und im Ausland die Fotografien davon vermarkten.

Aber nicht mit Stein, Papier oder Schere will ich mein Buch beginnen. Ich will es tun mit Kunst. Ich mache immer noch Entdeckungen, und die von heute ist die, dass es nicht von Bedeutung ist, was *ich* denke, die Substanz an sich meiner Überzeugungen. Was zählt, ist die Kunst. Und ich versuche herauszufinden, was Kunst ist, indem ich Duchamp studiere. Selbst hier noch, bei aller Depression und Peinlichkeit, halte ich an meiner Suche nach den Wurzeln der Kunst fest. Ich bestehe darauf, dass dieses zwischengeschobene kleine Geschichtchen nichts zu tun hat mit dem Masterplan, den ich darzulegen suche; der Masterplan – nackt, Zahlen pur, Kassenbons pur – ist das Schema, an dem sich der in der Falle sitzende Romanautor einer fernen Zukunft festhalten wird (der nicht Romanautor oder -schriftsteller oder Romancier sein wird in dem Sinn, was wir heute darunter verstehen, sondern eine neue Spezies). Er wird es sein, der sich um das »Fleisch« und die »Eingeweide« der Erzählung kümmert, nicht ich. Meine Arbeit aber besteht gerade darin, die Dinge auch von der anderen Seite zu sehen, von der Seite des Handelns, der Tat, damit der Plan seine Wirkung entfalten kann. Für ihn werde ich Gegenstand tiefschürfender Archäologie sein; er wird, ist ihm dazu das Hirn gegeben, sich durch die schier unendlich dick angehäuften Schichten von Missverständnissen graben müssen, eine Grabung, die in vielerlei Hinsicht der meinen auf der Suche nach der Wurzel der Kunst gleicht. Außer dass er mit den Wohltaten des Fortschritts rechnen darf, zu denen ich auf bescheidene Weise mit meinen Schriften beizutragen suche, und dass er, neben anderem, nicht in die Falle gehen wird (weil ich es ihm an dieser Stelle sage), sich auf eine vermutete psychische Substanz zu beziehen und von Überzeugungen zu sprechen, sondern schon gelernt haben wird, die Indifferenz zu sehen, die in der Kunst Vorrang hat vor allem anderen, die praktische Valenz, die Historisierung ... Dazu trägt auch die in meiner Kassenbonsammlung manifeste krude Nacktheit des Schemas bei. Kurz und gut, was ich ihm schenke, ist die Wohltat des Mechanischen oder Automatischen.

Zweiundsechzig Pesos schien ein schwer zu brechender Rekord zu sein. Schließlich und endlich gibt es ein Minimum ... oder nicht? Das Minimum sind die Herstellungskosten des Buches, der Stückpreis beim Import. Doch wer würde sich noch an diesen Stückpreis erinnern in einer Wirtschaft, die aus Abwertungen und galoppierender Inflation besteht? Die Inflation hat verheerende Auswirkungen auf das Gedächtnis; wie ich annehme, aus einem Abwehrinstinkt heraus, weil es ansonsten eine mentale Überfrachtung gäbe, bei der am Ende alles in Chaos versänke. Außerdem ist es sehr verbreitet, dass Bücher, schneller als andere Waren, in der Kategorie »Sonderangebote« landen und zu immer geringeren, geradezu aberwitzigen Preisen verkauft werden, weit unter der Schwelle ihrer Herstellungskosten, dies auch auf Märkten mit einer Währung von beständigerem Wert. Wie weit könnte Mexiko also noch runtergehen? Nein, es gab kein Minimum. Auch wenn dieser luxuriöse Kunstband nicht zu den Büchern gehörte, die auf dem Grabbeltisch enden, und dort lag er ja tatsächlich nicht. Er wurde nicht an Ständen auf der Straße oder in Ramschläden verkauft, sondern an eleganten Örtlichkeiten wie den Sanborn's-Kaufhäusern und den Museumsshops ... Manch einer könnte sich wundern, dass mir dieses Abenteuer ausgerechnet in Mexiko zustieß, einer Stadt, die berüchtigt ist für die Nichtexistenz guter Buchhandlungen. Vielleicht ist es ja eben deshalb so, dass Bücher hier einerseits Mangelware sind, mir die Duchamp-Bände aber begegneten, wo ich am allerwenigsten mit ihnen rechnete.

Nebenbei gesagt, es ist merkwürdig, aber ich habe nicht *ein* anderes Buch über Duchamp gesehen. Allein dieses. Und wegen der intensiven Beschäftigung damit verlor ich jegliches Interesse an anderen Büchern. Sie waren ohne Bedeutung, weil ich schon zu viele zu Hause habe, und viele warten noch darauf, dass ich sie einmal aufschlage. Manchmal frage ich mich, was es überhaupt nützt, »andere« Bücher zu lesen. Wozu denn, wenn wir es sowieso nie schaffen werden, mit Kultur und Bildung zu punkten? In jeder Situation, die sich ergibt, zu jedem Thema wird unser Gesprächspartner stets andere Bücher gelesen haben, die als »mehr« funktionieren werden. Wegen der in der Konversation herrschenden Gebote der Höflichkeit darf man nicht nachrechnen, darf man nicht Bilanz ziehen und ihm beweisen, dass man zwar die von ihm erwähnten Bücher gerade nicht, aber trotzdem mehr gelesen hat als er. Es ist unmöglich, ihm dies zu beweisen, weil man ellenlange, nie endendwollende Listen aufstellen müsste. Man kann nicht gewinnen. Selbst wenn man selber zehntausend Bücher gelesen hat und der andere in seinem ganzen Leben nur fünf – gewinnen wird immer er! Weil es sein kann, dass man von diesen fünf vier gelesen hat, nicht aber das fünfte, das ausgerechnet jenes ist, das er zitiert, und er legt los und erzählt es und beschreibt es und hebt es in den Himmel, und man selber steht da wie ein Esel und muss ihm dann auch noch versprechen, es zu lesen!

Das Nächste ... Denn es gab ein Nächstes. Bei der Lotterie wurden immer niedrigere Zahlen gezogen ... Das Glücksrad kannte kein Erbarmen ... Der Preis stand bei neunundfünfzig Pesos. Ich kaufte es, legte es auf den Stapel, den Bon in den Umschlag: meine kleinen konzeptuellen Schätze. Wie ein transtemporaler Geiziger häufte ich sie weiter an. Danach gab es ein anderes, das heißt noch eins vom gleichen, für sechsundfünfzig Pesos. Wäre meine Frau dabei gewesen, sie hätte gesagt: Siehst du, dass man nicht im erstbesten Laden kaufen darf, sondern sich ein bisschen umgucken muss? Eine sehr vernünftige Haltung, der ich im Stillen aber ernstlich widersprach. Weil Bücher, auch wenn es Industrieprodukte sind, eine ziemlich launische Erscheinungsweise haben und es meistens so ist, dass wir am Anfang des Einkaufsbummels ein Buch sehen, das wir eigentlich unbedingt haben wollen, aber erst einmal nicht kaufen, weil wir uns sagen, was soll ich es die ganze Zeit mit mir herumschleppen, ich kaufe es lieber später woanders, und dass wir es dann aber nirgends mehr finden und gezwungen sind, den ganzen weiten Weg zurückzugehen. Ich weiß Bescheid! Diesmal, allein unterwegs und Herr meiner selbst, hatte ich zunächst gemäß meinen Überzeugungen gehandelt und danach in Übereinstimmung mit Kunst und Mathematik.

Später noch eins, immer das Gleiche: dreiundfünfzig. Ich muss davon ausgehen, dass es bei der Anarchie der Preise auch Orte geben musste, wo das Duchamp-Buch zu höheren Preisen angeboten wird oder zu stark schwankenden (ich meine zu Preisen, die mal über denen liegen, die ich erlebt habe, mal unter anderen), sogar zu Preisen, die über den neunundneunzig Pesos des ersten Exemplars liegen. Aber mir sind diese Exemplare und diese Verkäufer nicht begegnet; was nicht weiter merkwürdig ist bei den Riesendimensionen dieser Stadt und der Begrenztheit meines Aktionsradius zu Fuß. Aber ein bisschen merkwürdig ist es schon, und tatsächlich war dies der Grund, der mich anfangs dazu antrieb, diese Geschichte zu schreiben: um sie zu verstehen. Weil etwas schreiben, und sei es eine stil- und formlose Skizze, echte Arbeit ist und niemand sie unternähme, hielte er nicht das Sujet für hinreichend merkwürdig, damit es der Mühe lohnt. Andersherum gesagt, wenn etwas gar zu merkwürdig ist, als dass es das Denken hinnähme und in die übrige Erfahrung einordnete, besteht eine einfache Methode, mit der man es zu fassen kriegt, darin, es zum Sujet eines Textes zu machen. Das ist, was ich getan habe (zur Hälfte, weil ich nicht die Erzählung geschrieben, sondern lediglich ihre

Hauptstränge skizziert habe, das mathematische Skelett, damit ein anderer es tut).

Auf dem Wege dieser Umkehrung (ich schreibe nicht über etwas Seltsames und Merkwürdiges, sondern es ist seltsam und merkwürdig, weil ich es schreibe) gelangte ich zur Erklärung des Details der stetig fallenden Preise, das mir geradezu übernatürlich erschienen war. Ich habe sie nicht weiter vertieft, zum Teil aus Platzgründen und zum Teil, weil es ein Eindringen in die Aufgabe des an der Zukunft interessierten Romanschriftstellers wäre, der diese Zeilen als einen Leitfaden für seinen Zeitvertreib nehmen wird. Es genügt zu sagen, das sich die Preise nicht unbedingt immer in absteigender Ordnung ergeben hatten: Lediglich die Zeit hatte sie so geordnet, die miniaturisierte Zeit dieses Abenteuers, deren Modell im natürlichen Maßstab die Jahrhunderte sind, die verstreichen werden, bis aus meinem Schema ein wirkmächtiger Mythos wird.

Das Nächste fand ich, oder es materialisierte sich vor mir, in ... spielt keine Rolle, wo. Das überlasse ich, zusammen mit den übrigen Details, demjenigen, der den Roman schreiben wird. Jedenfalls habe ich es für dreiundfünfzig Pesos gekauft. Weil es Nummer zehn war, werde ich, bevor ich weitermache mit Nummer elf, zwölf usw., eine Pause einlegen und versuchen, die jeweiligen Zahlen zuzuordnen. Wenn ich diesen Aspekt bei den letzten Käufen ausgespart habe, dann ist dies geschehen, um schneller voranzukommen, was nicht heißt, dass ich nicht die Berechnungen im Kopf angestellt hätte. Und ob ich sie angestellt habe! Sie waren meine einzige Beschäftigung und eine unübertroffene Therapie für den desolaten Gemütszustand, in dem ich mich befand.

Gemütszustand? Eher Zustand pur. Ich bewahrte mich, das war alles. Ich wurde nur noch von der fixen Idee angetrieben, bald wieder im Flieger Richtung Buenos Aires zu sitzen. Dem ordnete sich alles unter. Jede Minute, die verging, war eine gewonnene Minute. Obwohl ich mir im Grunde keine großen Illusionen machte. Sobald es mir gelänge, aus der Falle herauszukommen, würde ich mich wieder unbefriedigt und untauglich fühlen, so wie in Mexiko oder schlimmer. Doch ich versuchte, nicht daran zu denken, damit ich nicht noch tiefer in Depressionen versank. Ich konzentrierte mich auf die Gegenwart, und sagte mir, dass, was danach käme, jedenfalls nicht mehr so schlimm sein konnte, weil man sich nicht aus einer Falle befreit, ohne etwas daraus zu lernen.

Nun denn. Die zehn Exemplare waren zu zehn verschiedenen Preisen gekauft, in absteigender Linie: neunundneunzig, fünfundneunzig, fünfundachtzig, zweiundachtzig, achtzig, neunundsiebzig, zweiundsechzig, sechzig, sechsundfünfzig und dreiundfünfzig. Die Serie der jeweiligen Preisunterschiede war vier, zehn, drei, zwei, eins, siebzehn, drei, drei und drei. Der Höchstbetrag betrug sechsundvierzig, was eben die bis zu diesem Moment erreichte Maximaldifferenz zwischen dem ersten Preis (neunundneunzig) und dem letzten war (dreiundfünfzig). Die vollständige Serie dieser Maximaldifferenzen »von hinten nach vorn« war: sechsundvierzig, zweiundvierzig, zweiunddreißig, neunundzwanzig, siebenundzwanzig, sechsundzwanzig, neun, sieben und drei. Diese drei Serien bildeten das ursprüngliche Geflecht, auf dessen Schlängelkurven sich das ganze System von Zahlenmetamorphosen abbildete. Ich weiß, dass es nicht unbedingt von Vernunft zu zeugen scheint, aber ich vertraue darauf, dass irgendwann irgendjemand sich die Berechnungen noch einmal gründlich vornehmen wird, jede einzelne einzeln, so wie ich es getan habe, und vielleicht wird ja für ihn, im Unterschied dazu, wie es mir ergangen ist, die Realität real.

Mexiko, 28. November 1996

In Havanna

1

Am ersten Morgen besuchte ich das Haus von Lezama Lima. Eher zufällig, eigentlich war ich auf die Straße gegangen, um mir die Stadt anzuschauen, da es aber nicht viel zu sehen gibt – alles liegt in Ruinen, ist schmutzig und schäbig, so dass man nur danach strebt, möglichst schnell weiterzukommen –, war ich schon bald aus Alt-Havanna raus und fand mich unversehens auf dem Prado wieder, wo mir einfiel, dass es von dort ja nicht mehr weit sein konnte bis zur Calle Trocadero. Ich fragte jemand nach dem Weg, und obwohl er mir nur Unsinn erzählte, gutgemeinten natürlich, fand ich sie, nur ein paar Schritte weiter. Die Adresse hatte ich mir schon als kleiner Junge gemerkt: Trocadero 162. Ich ging also den mythenumwobenen Steg, ging den Königsweg, der jetzt eine verfallene Gasse ist, voll Pfützen und Müll und alten Männern, die vor den Haustüren sitzen und stinkige Zigarren qualmen. Ein Schild an Nummer 162 wies darauf hin, dass dies das Lezama-Lima-Museum sei. Ich lugte kurz durch die angelehnten Fensterläden, ohne große Hoffnung hineinzukommen; es war früh um zehn, und alles sah tot aus. Die Wohnung, in der Lezama gelebt hatte, ist eine von zwei symmetrischen Hälften des Erdgeschosses in einem vier- oder fünfstöckigen Haus. Es sieht nach einem Bau aus dem ersten Jahrhundertviertel aus, einem von der besseren Sorte, mit ein paar Pflanzenornamenten an der Fassade, mit Säulchen und auf den ersten Blick ziemlich umständlich wirkenden Zugängen; die Wohnungen parterre haben separate Eingänge, und es gibt noch einen extra, der vermutlich ins Treppenhaus führt. Zwar waren Klingeln dran, aber ich fragte mich, ob es den Versuch lohnte, sie zu drücken. Fast wäre ich wieder gegangen, um nachmittags noch mal zurückzukommen, als sich in der Tür neben Lezamas Wohnung eine Frau zeigte. Ich fragte sie, ob man eintreten dürfe, und sie rief jemand. Eine andere Frau kam, die sich als die Museumsdirektorin herausstellte. Sie bat mich durch einen leeren Raum, wo eine Sitzbank stand, auf der ein junges Pärchen schlief, zwei Schwarze. Die öffneten einen Spaltbreit ein Auge, warfen kurz einen Blick auf mich, rührten sich aber nicht. Die Frau führte mich in den Nachbarraum, der bis auf einen Tisch und einen Stuhl ebenfalls leer war. Dort zahlte ich ihr drei Dollar, zwei für den Eintritt und einen für die

Museumsführung, die sie persönlich für mich veranstalten würde. Wir befanden uns in der zweiten Parterrewohnung des Hauses, die der Staat erworben hatte, um sie als Büro- und Lagerräume für das Museum zu nutzen, wofür man dann die beiden Wohnungen miteinander verband und die Mauer abriss, die den Innenhof mittlings teilte. Die Führung konnte nur ein paar Minuten gedauert haben, höchstens fünf bis zehn, die auswendig gelernten Erläuterungen der Museumsführerin mitgerechnet. Es gab nicht sonderlich viel zu sehen: Die Möbel sind von zweifelhafter Echtheit, die Bilder taugen nicht viel, es gibt ein paar Vitrinen mit Büchern (keine aus Lezamas eigenen Beständen, die hat seine Witwe der Nationalbibliothek übereignet), und die Hälfte der Räume – es sind fünf plus ein Korridor (das Wohnzimmer, das Schlafzimmer der Mutter, das Schlafzimmer des Dichters, Bad, Arbeits- und Esszimmer) – sind leer, ausgeschmückt lediglich mit jämmerlich schlechten Bildern, Spenden von jungen Malern. Alles ist klein, winzig klein, wie in einem Puppenhaus. Insgesamt misst die Wohnung kaum mehr als vierzig Quadratmeter. Der Hof – ein winziges Quadrat mit einem Streifen in der Mitte, da, wo vormals die Trennmauer stand – ist nicht mehr als ein lichtloser Luftschacht für die Küchen und Waschküchen der oberen, offenbar stark überbelegten Wohnungen. In einer von ihnen krähte da oben die ganze Zeit, die mein Besuch andauerte, ein Hahn. Der Fußboden ist in allen Zimmern so wie im

Hof mit rot-grünen Mustern gefliest. An allen Wänden, ausnahmslos allen, sind riesige Feuchtigkeitsflecken, wodurch die Farbe abblättert und teils sogar der Putz abbröckelt. »Der Feuchtigkeit ist einfach nicht beizukommen«, erklärte mir die Museumsführerin, »wir können tun, was wir wollen, sie bleibt! Wie der Geist des leibhaftigen Meisters!« Allzuviel tun wollen sie wohl nicht, aber der Gedanke hat etwas Poetisches. Wenn ich witzig sein wollte, ich würde auf die Frage, was mir am Lezama-Haus am meisten gefallen hat, antworten: »Die Feuchtigkeit.« (Es wäre das Pendant zur berühmten ikonoklastischen Antwort Cocteaus auf die Umfrage: »Was würden Sie retten wollen, wenn der Louvre brennt?« – »Das Feuer.«)

Was mir aber, im Ernst gesagt, am meisten gefiel, waren die Gegenstände, die auf den Bücherschränken standen. Die Museumsführerin wies mich auf jeden einzelnen hin: Sie kommen alle in der einen oder anderen Passage in *Paradiso* vor – die deutsche Truhe, das signierte französische Biskuit (»Baudry: den hatte Señora Augusta gekauft«) und in einer Ecke der Empfangsdiele, auf einem Sockel, ein wirklich wundervoller Gegenstand: »Das ist die dänische Vase, die in *Paradiso* in einer bedeutsamen Episode vorkommt: Sie fällt dem Kind Cemí aus der Hand und geht kaputt. Bestimmt ist sie Lezama selber runtergefallen, sie hat nämlich einen Sprung.« Ich habe den Sprung nicht gesehen, er ist vermutlich auf der Rückseite; ich hätte mich gar nicht getraut, die

Vase anzufassen. Sie ist klein, circa zwanzig Zentimeter hoch, hat am Fuß einen Durchmesser von fünf Zentimetern und verjüngt sich nach oben hin; es ist eine dieser Vasen für nur eine Blume. Sie ist grün, wirkt aus einer gewissen Distanz wie getüpfelt, von Nahem betrachtet aber sieht man, dass auf ihr eine kunterbunte, akribisch ausgeführte Zeichnung ist, alles in zartgrünen Linien auf weißem Grund: überall Häuser, Bäume, Straßen und Automobile, so detailfein, dass an jedem Haus jedes Fenster zu erkennen ist, an jedem Baum jedes Blatt, an jedem Automobil die Marke und das Modell, jede Straßenlaterne und Stein für Stein das Pflaster der Straßen, alles auf nur wenige Millimeter zusammengedrängt. Eine ganze Stadt, könnte man meinen, an einem Werktag, eine Stadt in Dänemark, wenn es denn tatsächlich eine dänische Vase ist, und das soll sie ja sein. Ich setzte eine Kennermiene auf und rief: Aber ja doch, die berühmte dänische Vase! In Wahrheit erinnerte ich mich nicht, obwohl ich *Paradiso* drei oder vier Mal gelesen habe. Das mit der »dänischen Vase« kam mir zwar irgendwie bekannt vor, aber vielleicht war es auch nur eine dieser ad hoc erfundenen, nirgendwo richtig einzuordnenden Erinnerungen, die man sich nur einredet. Ich müsste die Stelle heraussuchen, wofür ich aber zu faul bin; täte ich es dennoch, dann aus purem Snobismus, um sagen zu können: »Ich habe sie mit eigenen Augen gesehen.« Wenn es in *Paradiso* tatsächlich eine ganze in einer dänischen

Stadt angesiedelte, von ihr umschlossene Geschichte gäbe, müsste ich mich eigentlich daran erinnern.

Wie auch immer, nachdem ich die dänische Vase in ihrer gegenständlichen, so zerbrechlichen und zugleich nicht zu glaubenden Wirklichkeit einmal habe bewundern dürfen, würde sie mir einen neuen Zugang zur Interpretation von Lezamas Werk eröffnen. Einen Zugang, der eigentlich ein alter ist, der durch das Bild nämlich, durch die Mikroskopie. Lezama hat in aller Breite, auf seine Art eben, über das Bild und die Bildzeitalter, »die imaginären Ären«, theoretisiert, und auch wenn das Wort bei ihm von der Bedeutung »Metapher« durchtränkt ist, glaube ich, dass es übereinstimmt, oder sich unangestrengt in Übereinstimmung bringen ließe, mit Deleuze' Vorstellung von unserer »antiimaginären« Gegenwart als einer Epoche der Bildfeindschaft. Damit das Bild wahrhaftig Bild sei, wie dies in den Bildzeitaltern (in der Renaissance beispielsweise) der Fall gewesen ist, muss es als Rätsel außerhalb der Sprache hervortreten, endgültig, ohne jede Erklärung oder Rechtfertigung: außerhalb jeder möglichen Erzählung, das heißt, als Mysterium und unendliche Möglichkeit. Im Unterschied zu den Bildzeitaltern legt es unsere Zeit darauf an, den spezifischen Wert des Bildes durch eine Erzählung oder ein Epigraph, die es erklären oder verorten, zu neutralisieren. Für einen Schriftsteller ist das Wort natürlich unverzichtbar. Wenn sich aber das Bild wirklich dem Wort entzieht, wird er nicht anders können, als dass er es verfälscht. Aber ich vermute, sogar innerhalb des diskursiven Denkens gibt es Möglichkeiten, das Bild verstummen zu lassen. Diese Möglichkeiten (die zu analysieren ich nicht der Richtige bin) machen zu einem gut Teil Lezamas Stil und Methode aus.

Die dänische Vase ist ein wahres Wunderwerk. Nicht nur wegen ihrer handwerklichen Meisterschaft, und nicht in erster Linie deshalb, sondern wegen ihrer Realität, wegen des bloßen Umstands, dass sie existiert. Obwohl ich sie nur ein paar Sekunden gesehen habe und ohne dass ich ihr die ganze Aufmerksamkeit habe zuteil werden lassen, die ihr gebührt hätte, hat sie bei mir eine noch immer anhaltende Neugierde geweckt. Diese skandinavische Stadtlandschaft ist kein ebenes Bild, sondern auf eine Vase gemalt, einen kleinen Krug mit gewölbter Oberfläche. Um ihn sich vollständig anzuschauen, müsste man ihn, auf die Gefahr hin, dass er hinunterfällt, in die Hand nehmen und umdrehen. Ich glaube, mich zu entsinnen, dass die Stadt von oben, aus der Vogelperspektive zu sehen ist. Da es der Grundform nach ein Zylinder ist, und angenommen, was ich bezweifle, es gibt eine Rückansicht, müsste sich die Landschaft bei jedem Umdrehen unendlich fortsetzen; womöglich mündet jede Straße in sich selbst, und die winzigen Automobile fahren ständig im Kreis. Jetzt, da ich die Vase nicht vor mir habe, frage ich mich, wie es möglich gewesen ist, auf der rohrförmigen Oberfläche die hinter der Stadt aufragenden Berge darzustellen, und das vor ihr liegende Meer, und, was noch viel schwerer ist, den Himmel mit den Wolken und Vögeln darüber. Vielleicht ist das alles ja gar nicht dargestellt, sondern nur suggeriert, so als ob sich auch der Miniaturenmaler von der Maxime habe leiten lassen: »Alles zu sagen ist die sicherste Methode zu langweilen.« Lezama muss die Vase stundenlang betrachtet und sie mehr als nur stundenlang studiert haben: Es ist nicht ausgeschlossen, dass er sie, als er *Paradiso* schrieb, bereits um die vierzig Jahre besessen hatte. Sie in sein Buch mit aufzunehmen war unumgänglich, allerdings durch eine Hintertür, die dem Bild Fortbestand versprach: die Realität. Denn ob mit Sprung oder ohne, die dänische Vase stand, stumm und unerschöpflich, unentschlüsselbar wie alles Reale, weiterhin an ihrem angestammten Platz im Haus. Ihre Stärke liegt vor allem in einem: der Realität. In diesem Sinne ist sie ein Modell, das meinen Betrachtungen als Romanautor hilfreich ist. Innerhalb eines Romans kann es Gegenstände geben (nicht unbedingt Gegenstände im eigentlichen Sinn, wie die Vase, es können auch Szenen, Abenteuer, Figuren oder Ideen sein), die dem diskursiven Denken selbst, in dem sie leben, unzugänglich sind, die sich von der zeitlichen Abfolge des diskursiven Denkens lösen und sich verewigen in der Ewigkeit dessen, was nicht eingeht in die Kategorien des Verstehens. Das Reale ist das Modell dieser Gegenstände.

2

Sollte er tatsächlich dort gewohnt haben? Als ich wieder auf der Straße war, kam mir das Haus in meiner Erinnerung zu klein vor, und das tut es immer noch, ein »Gehäus«, wo die Zimmer so klein sind, dass man mit ausgestreckten Armen die gegenüberliegenden Wände berühren könnte, und man müsste sich mit dem Oberkörper halb um die eigene Achse drehen, um sich in den zusammengequetschten Zimmern durch die Türen zu zwängen. Ist das möglich? Vielleicht entsteht der Eindruck ja dadurch, dass es ein Doppelhaus ist: Dadurch, dass die Trennmauer eingerissen und die beiden Wohnungen miteinander verbunden wurden, kommt es einem vor, als hätte man eine Konservenbüchse geöffnet oder einen Spiegel aufgestellt und hätte so diesen Eindruck von einem Modellhäuschen oder Puppenhaus erzeugt. Lezama war sehr beleibt, und außerdem habe ich ihn mir immer hünenhaft groß vorgestellt; Fotos täuschen bei den Größenwerten, und wenn man reale Wirkstätten besucht, handelt es sich stets um die Größenwerte. Man geht eben deshalb dorthin, weil man diese Orte in der Einbildung schon seit vielen Jahren selber bewohnt, und zwar in dem System von Größenverhältnissen, mit denen die Phantasie arbeitet. Eben um die absoluten Größenwerte zu erleben pilgert man dorthin. Ist man aber erst einmal da gewesen, vermengen sich die relativen mit den absoluten Größen, die Größenverhältnisse mit den Größenwerten. Auch vermengen sich das Vorher und Nachher des Besuches, der, für sich genommen, meist nur kurz ist. In meinem Fall war er extrem kurz. Wie viel Zeit werde ich in Lezamas Haus gewesen sein? Fünf Minuten, sechs? Ich nehme mir immer wieder vor, die Zeit zu stoppen und mir auf die Minute genau zu notieren, wann ich hinein- und wann hinausgehe, vergesse es jedoch immer wieder. Ich bin mir aber sicher: Ich schlage ein wie der Blitz und breche vermutlich alle Rekorde. Wenn ich eine Stadt besuche, lasse ich kein Museum aus, doch mein Interesse an den Schätzen, die es birgt, kann noch so groß sein – ich schieße durch jedes Museum hindurch wie ein Pfeil. Ich weiß nicht, ob aus Ungeduld, Blödheit oder Miesmacherei – stets bin ich in wahnsinniger Eile und im Handumdrehen wieder draußen. Und trotzdem sehe ich alles; ich bleibe eine Sekunde, oder eine halbe, vor jedem Bild stehen und denke »das wird lang genug gewesen sein, um es mir zu merken«, und natürlich habe ich hinterher alles vergessen.

An dem Abend damals war ich bei einem kubanischen Schriftsteller, der mit Lezama befreundet gewesen war, und er erzählte mir, er sehe Lezama noch über das Telefontischchen gebeugt vor sich (ich hatte ihn nach der Echtheit des ausgestellten Apparats gefragt): in endlosen Gesprächen, beim klassischen Klatsch und Tratsch, der ein Grundbaustein der Phänomenologie des Schwulen ist, wobei das »gebeugt«

meinen Puppenhaus-Eindruck noch verstärkte, so als wäre Lezama anderenfalls mit dem Kopf an die Decke gestoßen.

Was mir vom Lezama-Museum sonst noch im Gedächtnis haften blieb, und was ich mit auf die Liste dessen setzen sollte, »was mir am meisten gefallen hat«, das sind die zwei Zigarrendosen auf dem Schreibtisch. Von diesem Schreibtisch sagte mir die Museumsführerin, dass Lezama »ihn nie benutzt« habe, weil er mit Büchern und allem möglichen Papierkram bedeckt gewesen sei; er habe lieber im Sessel sitzend geschrieben, und zwar mit einer Unterlage, die er sich auf die Knie legte. Von den Zigarrendosen erzählte sie, was ich schon von ihr gehört hatte: dass die auf den Etiketten dargestellten Szenen bis ins Detail in *Paradiso* beschrieben seien. Ich weiß nicht, ob es Blechdosen mit aufgeklebten Etiketten waren oder ob die Dosen aus bedrucktem Karton bestanden, Letzteres scheint mir wahrscheinlicher. Sie waren dreißig Zentimeter hoch und hatten einen Durchmesser von zehn Zentimetern, der Karton war altersbedingt vergilbt. In schwarzen Lettern stand etwas draufgeschrieben, und in der Mitte war eine medaillonförmige Illustration, eine Szene … Es ist zwar schade, dass ich mich an keine der beiden Illustrationen erinnern kann, würde aber meinen, dass es Szenen aus der Zigarrenherstellung im 19. Jahrhundert gewesen sein müssen. Die Museumsführerin sah, wie ich mich über die Bildchen beugte und meinen Blick darin versenkte, so als wollte ich sie mir ins Gedächtnis einbrennen, und sie erklärte noch einmal, dass der Meister beide Szenen in seinem Roman detailliert beschrieben habe. Offenbar war dies der Clou ihrer Führung, es war das Beste, was sie zu bieten hatte und womit sie die Besucher, egal wie gebildet oder ungebildet sie waren, am meisten zu beeindrucken verstand: dass diese realen, mit Händen zu greifenden Gegenstände, die noch dazu ziemlich triviale Haushaltsgegenstände waren, auch an anderer, sehr prestigereicher Stelle vorkamen, und zwar in einem Kunstwerk, dessen Qualität es rechtfertigte, dass diese kleine Wohnung ein Museum war.

Ich hätte allerdings der Museumsführerin entgegenhalten mögen, und mir ging kurz durch den Kopf, es tatsächlich laut zu sagen, dass ein Schriftsteller mit einem Bild auch etwas anderes anstellen könne, als – was sie offenbar für das einzig Mögliche hielt – es zu »beschreiben«. Wenn ich dies nicht tat und gar nicht erst versuchte, dann deshalb, weil ich zunächst, um mich verständlich zu machen, hätte erklären müssen, worin das Basisverfahren von Raymond Roussel besteht. Einmal mehr wurde mir klar: Roussel ist ein für mein Verständnis von Literatur so unverzichtbarer Autor und das Unwissen über ihn so weit verbreitet, dass ich für gewöhnlich das Gefühl habe, ich kann überhaupt nicht anfangen, von Literatur zu reden, ohne zuvor mein Gegenüber über ihn ins Bild gesetzt zu haben. Wobei an dieser Stelle betont sei, dass ich dies niemals tue: Es wäre ein unerträglich langweiliges Gedöns, eine Marter, die man Unschuldigen nicht antun darf. Außerdem glaube ich nicht, dass ich mich hätte verständlich machen können; ich würde am Ende nur zusammenhangloses Zeugs stammeln – es sind dies alles Fragen, über die ich mir selber noch gar nicht im Klaren bin. Was ich wirklich gern verständlich machen würde, ist nicht Roussels eigentliches Verfahren (das er in *Wie ich einige meiner Bücher geschrieben habe* erklärt), sondern generell die Methode der automatischen Generierung von Erzählungen. Sein Verfahren ist davon ein einzelner Fall, und es ist das Einzige, glaube ich, das ein Schriftsteller von Rang erdacht und bis in die letzte Konsequenz umgesetzt hat. Verallgemeinert gesagt, kann eine Erzählung nicht nur aus der Phantasie oder der Erinnerung oder sonst irgendeiner psychologischen Wirkkraft hervorgehen, sondern auch aus dem narrativen Ordnen und Organisieren von Elementen oder »Figuren«, die aus der Außenwelt stammen und auf gut Glück zusammengestellt werden.

Wie ich sehe, habe ich mich zu guter Letzt doch dazu hinreißen lassen, mich zu erklären, und dennoch glaube ich nicht, mich verständlich gemacht zu haben. Von Belang ist hierbei nur Folgendes: Bei den auf besagten zwei Zigarrendosen dargestellten Szenen ist der Schriftsteller, der etwas aus ihnen machen will, nicht, wie es die Museumsführerin glaubte, ausschließlich darauf beschränkt, sie zu »beschreiben«, er kann sie auch »genetisch« verwenden, als Geschichtengenerator, und mit ihnen eine Erzählung konstruieren, indem er beispielsweise die notwendigen Ereignisse erfindet, damit eine Geschichte mit der ersten Szene beginnt und mit der zweiten endet. Wenn Lezama Lima durch Zufall in den Besitz der beiden Dosen gekommen war, und wenn sie zu einer ganzen Reihe solcher Dosen gehörten, sagen wir hundert, mit ebenso vielen unterschiedlichen, auf ihren Etiketten gezeichneten Szenen, dann waren diese zwei Szenen, die er vor sich hatte, völlig zusammenhanglos und unabhängig voneinander. Womit die Neuheit der sich daraus ergebenden Geschichte sicher war, sehr viel sicherer, als wenn er sie sich ausgedacht hätte.

Diese Entstehungsmöglichkeit ergibt sich daraus, dass es zwei solche Dosen sind und nicht eine. Wäre es eine einzige gewesen, dann hätte man tatsächlich nichts anderes mit ihr tun können als sie zu beschreiben; es sei denn, es wäre eine komplexe Szene gewesen, deren unterschiedlichen Teile sich als »Markierungspunkte« der ausgedachten Handlung hätten nutzen lassen.

Ich sprach zwar von »automatischer Generierung von Erzählungen«, dies ist aber hinsichtlich des Epithetons unrichtig; ich würde vielmehr von »nicht psychologischer« Generierung sprechen. Eben das ist, glaube ich, Roussels Verdienst, auch wenn es trotz der Jahre und Jahrzehnte, die ich mich damit herumplage, noch immer kaum mehr als eine dunkle Ahnung in mir ist: die Möglichkeit, sich vom alten künstlerischen Sujet zu befreien und das Kunstschaffen zu demokratisieren, indem man aus der Falle des Augenscheinlichen herauskommt und das Neue unumgehbar macht.

Wobei die Museumsführerin trotzdem recht hatte, denn Lezama hat das nicht getan, sondern sich tatsächlich darauf beschränkt, die Gegenstände und die auf ihnen abgebildeten Szenen, wie sie sagte, zu »beschreiben«. Er hat sie nicht dazu benutzt, neue Erzählungen zu generieren, sondern zweifellos dazu, psychologisch generierte Erzählungen auszuschmücken. Und dennoch ... Seine Beschreibungen kommen mir vor wie ein letzter Schritt vor meiner Utopie vom Neuen. Darauf deutet auch, wie mir scheint, die Tatsache hin, dass zu Roussels Werk die Gedichte *La Vue*, *Le Concert* und *La Source* gehören, die nicht nach seinem Verfahren geschrieben sind und tatsächlich aus auf Gegenständen gemalten Szenen bestehen (beziehungsweise aus dem Blick auf eine in einen Schraubbleistift eingelegte Miniatur, auf die Zeichnung im Kopf des Briefpapiers eines Hotels und auf das Etikett einer Mineralwasserflasche). In allen drei Fällen besteht der beabsichtigte Effekt im Kontrast zwischen den nur wenige Zenti- oder Millimeter großen Darstellungen und der Unmenge von Details, die durch die Beschreibung zutage gefördert werden. Es ist wie der Urknall: Indem der Blick auf das Innere einer Miniatur gelenkt wird, erweitert sich der Raum immer mehr in

Richtung auf das Kleine, auf das neue Kleine, das innerhalb des gegebenen Kleinen heranwächst.

Mir kommt gerade der Gedanke, dass dieser Mechanismus heute bis zu einem gewissen Punkt durch die Technologie der Digitalfotos verwirklicht werden könnte. Zumindest ließe sich denken, dass eine hochauflösende Kamera eine komplexe Szene fotografiert, zum Beispiel ein Panoramabild von einem Freizeitpark am Sonntagnachmittag, und zwar so detailgenau, dass sie jedes Schnauzbarthärchen des im Hintergrund stehenden Polizisten speichert, und danach wird dieses Bild auf einem Bildschirm normaler Größe wiedergegeben, sagen wir zehn mal fünfzehn Zentimeter. Da in solchen modernen Kameras die Information tatsächlich nicht viel Platz beansprucht, ließen sich alle Vergrößerungen speichern, die der Beobachter mit dem Zoom aktualisieren könnte. Das wären ziemliche Kinkerlitzchen, weshalb ich kaum glaube, dass sich eine Bildagentur die Mühe machen wird, die dafür notwendige Software zu entwickeln (obwohl sie sich unendlich viel mehr Mühe bei absolut idiotischen Sachen geben, die ebensolche Kinkerlitzchen sind). Ich glaube aber, dass man so oder so ähnlich bei den Satellitenaufnahmen schon verfährt: Man kann die Karte von einer Provinz aufrufen und einen Ausschnitt davon so weit vergrößern, wie man will, bis man das Gewünschte (ein paar Kieselsteine, ein Rasenstück) im Maßstab eins zu eins auf dem Bildschirm hat. Borges hat das in seinem bekannten Text über Landkarten, die so groß sind wie das Gebiet, das sie abbilden, vorweggenommen. Wobei Borges hier auch wegen einer anderen von ihm gemachten Erfindung erwähnt sei: wegen des Alephs, dieses winzigen Lochs in der Raumzeit, durch das man das gesamte, bis in die letzte Einzelheit vergrößerte Universum sehen kann.

3

Ein wichtiges Detail: Die »Beschreibungen« Lezamas sind nicht so sehr Beschreibungen der Gegenstände an sich, als vielmehr solche der von ihnen transportierten Bilder. Was die Existenz von Bilder tragenden Gegenständen voraussetzt. Ich weiß nicht, ob letzterer Gedanke in mir eine Art von Halluzination erzeugte oder ob es eher einen objektiven Träger gab, sicher ist, dass ich während der übrigen Tage meines Havanna-Aufenthalts in allen Museen, die ich noch besuchte, unzählige bebilderte Gegenstände gesehen habe. Man könnte fast sagen, ich hätte überhaupt nichts anderes mehr gesehen. Das Kunstmuseum war zwar wegen Umbauarbeiten leider geschlossen, weshalb ich keine Gemälde sehen konnte, weder gute noch schlechte, aber vielleicht war das ja besser so und sollte womöglich beibehalten werden. In den übrigen Museen, die ich samt und sonders aus Langeweile, in der »Ödnis des Hotellebens«, besucht habe, gab es gar nichts anderes als Objekte. Nie zuvor war mir die Unmenge der gemalten Bilder aufgefallen, mit denen die Oberfläche der Objekte, der Gegenstände, bemalt sein können. Unter den gegebenen Umständen kam ich zu dem Schluss, dass dies etwas typisch Kubanisches sein müsse.

Das Erste, was ich beim Eintreten ins Museum erblickte (ich glaube, es war das sogenannte Stadtmuseum), war Geschirr, besser gesagt, es waren Teller, Hunderte von an den Wänden aufgereihten Porzellantellern, jeder mit einer Szene, einer Landschaft, einer Blume. Ich musste wählen.

Es ist ein Unterschied zwischen einem Bild auf einem Gemälde und einem auf einem Teller oder irgendeinem anderen Objekt. Auch ist nicht ein Gegenstand wie der andere. Ein Gegenstand erwartet, in einem Bild dargestellt zu werden (diese Erwartung ist es, die ihn erst zum Gegenstand macht), und die Darstellung ist die Genese einer Geschichte. Doch wenn der Gegenstand außerdem Träger eines Bildes ist, verdoppelt sich die Geschichte ... Vielleicht lässt sich das ja besser an einem Beispiel erklären.

Stellen wir uns eine Romanfigur vor, einen flüchtigen Verbrecher, der auf dem Weg durch irgendeine Gegend des kubanischen Territoriums an ein abgeschiedenes Haus gelangt (das Herrenhaus einer Zuckerrohr- oder sonst einer Plantage, um es wahrscheinlicher zu machen, dass man ihm das Essen auf Porzellan mit schönem Dekor serviert), wo ihm Gastfreundschaft gewährt wird, zu der als gewichtiger Bestandteil die Beköstigung gehört. Nachdem der erste Gang geendet ist, bittet man ihn liebenswürdig, seine Geschichte zu erzählen. Seine wahre Geschichte kann er nicht erzählen, weil es ein Kriminalfall ist, und da der Mann keine Phantasie hat, »berichtet« er, was er auf dem leeren Teller sieht, das heißt, er improvisiert eine Geschichte auf der Grundlage der Szene, die er auf dem Tellerinneren gemalt sieht. So unerwartet und exotisch, wie diese Szene ist (man muss bedenken, dass auf solchen Tellern nicht besonders realistische, für gewöhnlich sogar chinesische Bilder sind), gerät die Geschichte ziemlich spannend, und begierig fragen die Gastgeber, wie es denn weitergehe. Da aber schon der zweite Gang aufgetragen ist und der Erzähler, hungrig, wie er ist, sich unverzüglich darüber hermacht, zügeln sie ihre Neugierde und geben ihm Zeit, sich den Bauch vollzuschlagen. Was er auf dem Teller hat, wird immer weniger, und auf dem Tellergrund wird eine andere gemalte Szene sichtbar, und durch sie inspiriert, setzt der Gast die Erzählung fort. Natürlich muss er, weil er die Geschichte als wirklich erlebt darstellt, darauf achten, dass sie glaubhaft bleibt, und dafür muss er die Handlungsfäden von Teller eins an die von Teller zwei heranführen, die möglicherweise nichts miteinander gemein haben und beispielsweise vom Louis-XV-Schäferspiel zur geistvollen Plauderei aus der Tang-Dynastie oder zum linnéschen Pflanzensystem springen können, wobei das alles dem autobiografischen Realismus angepasst werden muss. Die Geschichte wird wirklich interessant. Was den Romanschriftstellern, die Zeitgenossen dieses flüchtigen Verbrechers waren, mit diesem nicht gelungen ist, schafft er selber in einem eleganten Automatismus, und nebenher isst er sich satt; er wird es brauchen. »Darf es noch etwas sein? Ein Hühnchenflügel? Er ist noch vom Mittag übrig.« »Aber ja, gern.« Schauen wir uns an, wie sich das Sujetgestrüpp am Ende lichtet. »Dessert?« »Da kann ich nicht nein sagen, gnädige Frau.« Die Aventüren setzen sich fort. »Kaffee?« »Und was sagen Sie dazu?« In der Trinkschale zeigt sich die Sonne des nahenden Unheils, das Haus selbst nämlich, in dem sich der Ausbrecher gerade aufhält. Just in diesem Moment tritt die Polizei auf den Plan. Vom guten Essen mit neuen Lebensgeistern erfüllt, schwingt er sich über den Tisch, wirft seinen Verfolgern ins Gesicht, was er zur Hand hat (das Geschirr), und setzt sich wie der Leibhaftige zur Wehr, er entfleucht zum Fenster hinaus, und das Abenteuer nimmt seinen Fortgang in den Bergen und Ebenen. Auf dem Fußboden des Speisesalons liegen die Scherben der zerbrochenen Teller, und wenn eines der Kinder beim Versuch, sie wie ein Puzzle zusammenzusetzen, eine Scherbe falsch anlegt, entstehen daraus neu komponierte Szenen, die immer andere Geschichten erzählen.

Ich hätte mir zu all den Dingen, die ich gesehen habe, Notizen machen sollen. Es ist merkwürdig, und ich staune selbst, aber ich mache mir nie Notizen, obwohl ich auch nie ohne Stift und Notizbuch das Haus verlasse, weil ich mir sicher bin, dass, wenn mir unterwegs etwas zustößt, ich mich später an nichts anderes werde erinnern können als daran, dass ich es vergessen habe. Wenn ich mir schon die Mühe mache, ins Museum zu gehen, Eintritt zu zahlen und mich zu Tode zu langweilen, hätte ich wenigstens etwas davon in Erinnerung bewahren sollen. Mein Gedächtnis hält absolut nichts fest ... Wenn ich mich jetzt daranmache, diese Weintraube mit dem Druck von 20 000 atü auszuquetschen, bleibt mir von meinem Gewaltritt durch Havannas Museen als Einziges eine Taschenuhr, bei der in der Mitte des Ziffernblatts ein schönes Landschaftsbild gemalt ist, und zwar auf zwei Ebenen, wobei sich die eine mit dem Gang der Stunden vermutlich nach und nach über die andere schieben wird, so dass sich die gemalte Szene wie ein im Schneckentempo ablaufendes Daumenkino verändert ... glaube ich.

Es wäre wenig überzeugend, wenn ich sagen würde, dass mich diese Miniaturen beeindruckt und mich träumen lassen hätten. Wo ich doch nicht einmal mehr weiß, was überhaupt auf ihnen dargestellt war, geschweige denn, dass ich davon auch nur eine annähernde Beschreibung geben könnte. Es ist, als hätte die Miniatur noch vor ihrer Wahrnehmung, oder diese weit verfehlend, das Gedächtnis wie eine Kugel durchbohrt. Deshalb klingt es absurd, wenn man von einer Miniatur erzählt und doch behauptet, man könne sich an sie nicht erinnern. Wie sonst kann man etwas über sie sagen?

Die Miniaturmalerei hat als privilegierten Träger die Gegenstände, und es ließe sich fast sagen, dass, sobald die Malerei auf einem Gegenstand aufgetragen wird, sie Miniatur wird. Je unerwarteter und unpassender die zum Träger auserkorenen Gegenstände sind, desto mehr wird das Wesen der Miniatur betont. Daher ist diese das lose Bild auf Reisen, von weither gekommen und stets exotisch. Auf Tellern oder Futteralen wird keine realistische Malerei praktiziert, sondern orientalische oder Rokokophantasie, wenn nicht Phantasie pur. Und das Exotische hat ein inwendiges Verhältnis zu seiner Erzählung, zu den aus der Ferne hinzugefügten Geschichten; die Teilhabe der Sprache benimmt dem Eigencharakter des Bildes den Zauber. Es ist, als wäre das ureigentliche Bild nur in Naturgröße zu haben. So zum Beispiel für mich Havanna in diesen Tagen, wie es mir in seiner wahrnehmbaren Wirklichkeit vor Augen steht. Sobald es durch das Gedächtnis gegangen ist, wird das Bild Miniatur oder Exotik. Es muss an dieser Vorläufigkeit liegen, in der ich Havanna zu sehen bekomme, dass es so deprimierend ist: zerfallen, verschlissen, voller Touristen, mit dieser todtraurigfröhlichen Musik, die einen auf Schritt und Tritt verfolgt.

Jetzt, da ich dies hier schreibe, erinnere ich mich wie durch ein Wunder an ein anderes Havanna, das in die Rubrik »Großminiatur« eingehen sollte; denn es waren die, schon sehr nachgedunkelten, Bemalungen an den Wänden eines Tragstuhls. Ich glaube, so heißen die, obwohl es keine Stühle sind und sie auch nicht so aussehen, es sind vielmehr große Holzkästen mit Fenstern drin, so wie beim Auto, mit Glasscheiben und allem, und vorn und hinten Stangen, mit denen sie getragen werden, und drinnen hatte eine Dame, ein Bischof oder sonst wer gesessen. (Man glaube nicht, dass diese Dinger unter dem Sozialismus abgeschafft wären, jetzt heißen sie »*bicitaxis*«, wie die Fahrradrikschas.) Dieser Tragstuhl jedenfalls hatte Malereien an den Türen sowie vorn und hinten; ob auch auf dem Dach, weiß ich nicht – lauter Szenen, an die ich mich dunkel erinnere, als stammten sie aus einem Traum. Sie kreisten alle um dasselbe Thema, um dieses Spiel mit dem an den vier Ecken festgehaltenen großen weißen Tuch, das sich bläht wie ein Schiffssegel. Von der Art des Tuches, über dem auf dem berühmten Goya-Bild die Strohpuppe durch die Luft fliegt. Obwohl es hier vielleicht kein Spiel war, und ich glaube nicht, dass es eins war, sondern eine Methode, um Schatten zu spenden ... Warum bloß habe ich nicht genauer hingeguckt? Ich hatte es so eilig, aus dem Museum rauszukommen, dass ich vorbeigelaufen sein muss, ohne stehenzubleiben. Ich glaube, da waren Palmen und Negersklaven drauf, alles stark nachgedunkelt und kaum noch zu erkennen. Jedenfalls muss man ziemlich irrational angehaucht sein, damit man auf die Idee kommt, diese Szenen, Szenen zu diesem Thema, auf einen Tragstuhl zu malen. Was bedeutet, dass es eine Erklärung dafür geben muss.

4

Was ich trotz allem registriert habe, sind die bunten Glasscheiben. Die leuchten durch das von außen hereinfallende Licht derart hell und in derart grellen Farben, dass, wer immer ein altes Gebäude betritt, sie nicht übersehen kann. An sie musste ich auch denken, als mir eine Dame aus Argentinien zuflüsterte: »Mit dem Visuellen haben die Kubaner so ihre Schwierigkeiten.« Darin musste ich ihr recht geben, denn alles, was ich an Wandmalereien, Plakaten oder Gemälden gesehen hatte, war weit mehr als nur hässlich und stümperhaft. Desgleichen die Buchumschläge und Illustrationen oder auch die Speisekarten in den Restaurants. Bevor mich die Argentinierin darauf hinwies, war es mir nicht weiter aufgefallen, so sehr habe ich mich an die allgemeine Abgeschmacktheit gewöhnt, von der ich umgeben bin. Erst ihre Bemerkung hatte mir das wieder bewusst gemacht, und es war wirklich offenkundig. Vielleicht lässt sich das ja aus der

Geschichte erklären, und bei dem ständigen Aderlass, unter dem ein sozialistisches Land leidet, wenn seine besten Köpfe unablässig ins kapitalistische Ausland abwandern, sticht es auf dem Gebiet der bildenden Künste und des Designs nur besonders stark ins Auge. Womöglich ist hier einfach keiner mehr da, der ein Gefühl dafür hat, welche Farbe zu einer anderen passt, oder der in der Lage ist, einen geraden Strich zu ziehen. Weil die Anschläge auf das Auge, die man im Kapitalismus erleidet, geplant sind und von Leuten unternommen werden, die »etwas davon verstehen«. Nach ihnen besteht ein ständiger Bedarf, der sie vermutlich von Kuba weglockt.

Zwar hatte ich nie speziell darüber nachgedacht, aber eigentlich war ich davon ausgegangen, dass die bunten Glasscheiben der alten Gebäude mit der Zeit alle kaputtgegangen und durch die existierenden Geschmacksverirrungen ersetzt worden waren. Daran wäre auch nichts weiter verwunderlich gewesen: Wenn alles zerstört ist, muss das Glas, das am zerbrechlichsten ist, als Erstes dran geglaubt haben. Und tatsächlich sehen die bunten Scheiben wegen der leuchtenden Farben, und so abstrakt und simpel, wie sie sind, neu aus. Ich glaube, sie sind stets seitensymmetrisch, oder fast stets. Jede Scheibe geht aus ihrer automatischen Generierungsmechanik hervor, was typisch ist für Hobbydesigner. Bei den Farben handelt es sich um Primärfarben: Gelb, Rot, Blau, und glatt müssen sie natürlich sein (was es bei den Glasfenstern allerdings nie gibt, ist Chiaroscuro). Alles macht den infantilen Eindruck von Plastik, Disneyland.

In einem der Museen gab es einen Saal, der solchen Glasfenstern gewidmet war; sie stammten sicherlich aus zum Abriss bestimmten Gebäuden, und man hatte sie ausgebaut. Sie hatten die Form eines Fächers, wie man sie auf dem »Mittepunkt« über Fenstern und Türen sieht, wobei es sie allerdings auch als eigenständiges Fenster gibt, zum Beispiel in der Kathedrale von Havanna. Hätte ich eine halbe Minute darüber nachgedacht, so hätte mir schon ihre Aufnahme ins Museum zu verstehen geben müssen, dass sie alt waren. Aber nein, der Gedanke kam mir erst später, ganz unvermittelt, und ein Kubaner bestätigte mir, dass es tatsächlich die Originalscheiben von Gebäuden aus dem 17. Jahrhundert waren. Diese Entdeckung zwang mich, mein Urteil zu revidieren oder vielmehr ins Gegenteil zu verkehren. Nicht aus Snobismus, oder nicht nur aus Snobismus, sondern aus einer elementaren geschichtlichen Überlegung heraus. Wenn sie alt waren, dann waren sie schön und gewagt, Vorläufer von Sol Lewitt, hypermodern, eine Trouvaille. Sogar die Generierungsmethode, die heute Beleg für völlige Inkompetenz wäre, machte sie im Barock zu hoher Kunst.

Niemand wird bestreiten, und ich am allerwenigsten, dass die Zeit eines der Elemente ist, die Kunst erst zu Kunst macht. Die Dame aus Argentinien hätte auch sagen können, dass die Kubaner »so ihre Schwierigkeiten« mit der Zeit haben. Aus Leidenschaft für die Utopie sind sie aus dem Lauf der Geschichte herausgefallen, und »das Visuelle« ist bei ihnen eingefroren. Das Kunstwerk bedarf der Geschichte, um seine Transformationen zu erleben. Es kann nicht zufällig gewesen sein, dass die einzige Transformation, die ich in Havanna entdeckte, mit den abstrakten Bildern der Glasfenster zu tun hatte: Das Abstrakte wird zum Bild nur, indem es in der Zeit Dreieck wird. Es ist das Davor und Danach des Bildes: bevor es gelernt hat, etwas darzustellen, und nachdem es bereits alles dargestellt hat.

Übrigens, es gibt keine abstrakte Miniatur, oder es gibt sie zwar, sie ist aber etwas anderes: der Gegenstand selbst. Der Gegenstand ist weder abstrakt noch figurativ, weil er nicht darstellt, er ist.

Doch genug von den Miniaturen. Ich will nicht in Byzantinismus verfallen. Das Wort »Miniatur« wird nach meinem Dafürhalten gemeinhin falsch verwendet, zum Beispiel, wenn eigentlich ein kurzer Text oder ein Theaterstück von kurzer Dauer gemeint ist. Das sind Metaphern. Im direkten Sinn beschränkt sich die Miniatur auf visuelle Gegenstände, doch hierbei beschränkt sie sich nicht auf Gegenstände von geringer Größe. Der Miniatur genannte visuelle Gegenstand sollte definiert werden als der Augenblick des Sehens, der einen ausgedehnten Text generiert, je ausgedehnter, desto mehr Miniatur – so wie in den drei Gedichten Roussels, in denen er qua Ausdehnung bis zur subatomaren Ebene des Trägergegenstands vordringt. Andererseits darf man auch nicht vergessen, dass es kein abstraktes Schreiben gibt. Das Schreiben ergänzt die Miniatur, allerdings mit einer Zeitverschiebung; so als ob man mit dem Flugzeug von Ost nach West fliegt oder umgekehrt. Der Vorgang des Schreibens erschafft die Zeit, oder zumindest macht er sie erfahrbar.

5

Mein Objekt der Begierde fand ich in einem Museum, und zwar in einem Saal, der Waffen gewidmet war. Es gab da allerhand an Mordwerkzeugen, weil die Geschichte Kubas ziemlich blutig gewesen ist. Und in einer Vitrine stand dieses Remington-Gewehr, das, wie ich annehme, aus den Unabhängigkeitskriegen stammte. Es muss eine bedeutsame Waffe gewesen sein, geliefert höchstwahrscheinlich von den US-Amerikanern; da waren Erklärungstafeln, die ich nicht las, doch das ganze Drum und Dran, mit dem das Gewehr in einem allein ihm vorbehaltenen Glaskasten präsentiert war, wies darauf hin, dass es sich um ein historisch denkwürdiges Exponat handelte. Zu der Vitrine gehörte noch ein Schaukasten mit Reinigungs- und Pflegezubehör, Kugeln, Futteralen und diesem Objekt, vor dem ich einen Moment stehen blieb, weil es sich lohnte.

Es war ein weißes Tuch, aus Baumwolle vielleicht oder Leinen, jedenfalls sehr fein gewebt, ein Quadrat mit einer Seitenlänge von dreißig Zentimetern, so groß wie ein gewöhnliches Taschentuch, ein bisschen größer vielleicht. Und es war bedruckt, auf der gesamten Fläche, mit Text und Illustrationen. Auch in diesem Fall las ich nicht die Erklärungstafel; es war aber nicht schwer zu begreifen, worum es sich handelte. Auf dem Tuch hatte die Firma Remington die Bedienungsanleitung für das Gewehr und die Vorsichtsmaßregeln bei seinem Gebrauch gedruckt. Vermutlich wurde jedem Soldaten zusammen mit der Waffe ein solches Tuch ausgehändigt: Die Käufer hatten um eine Bedienungsanleitung gebeten, da die Soldaten in diesen Kriegen ohne jede Ausbildung waren. Sie hatten nicht die Zeit gehabt, eine Militärakademie zu absolvieren, und womöglich hatte es nicht einmal für die mindeste Grundausbildung gereicht. Die Bitte um solche Instruktion ist nicht verwunderlich: Schließlich sind auch wir es gewohnt, dass zu jedem Apparat eine Bedienungsanleitung gehört, und die muss umso notwendiger für Soldaten gewesen sein, die ohne Aufschub in den Krieg ausrückten; sie konnten von ihren Offizieren getrennt werden, und von dem Gewehr hing ihre Überlebensfähigkeit ab. Was tun, wenn eine Kugel in der Ladekammer stecken blieb? Was, wenn eine Kugel im

Gewehrlauf explodierte? Was, wenn sich die Schlagbolzensicherung gelöst hatte? Wie den Schlagbolzen ölen? In der Bedienungsanleitung war alles erklärt. Neu an ihr war, dass sie nicht mehr in einem Papierheftchen stand, sondern auf einem Tuch. Ein ziemlich vernünftiger Gedanke, weil Papier nicht so lange gehalten hätte wie das Tuch, und zwar nicht nur wegen der Strapazierfähigkeit des Materials, sondern weil ein Soldat damals sicherlich sorgfältiger mit einem Tuch als mit einem Papierblatt oder einem Heftchen umging. Außerdem konnte ein Tuch auch dazu dienen, sich etwas abzuwischen, sich zu verbinden oder das Gewehr zu reinigen. Hinterher konnte man es waschen und wieder lesen. Der Aufdruck musste nur waschecht sein. Das ausgestellte Tuch war bis auf ein paar versengte Stellen unversehrt. Der Text war auf Spanisch.

Es würde mir schwerfallen, ihn wiederzugeben, das war nicht ganz einfach; ich will es aber trotzdem versuchen, und was ich nicht mehr weiß, werde ich dazuerfinden. In der Mitte war eine technische Zeichnung der Remington, ähnlich einer Lexikonabbildung, zum einen das komplette Gewehr und drum herum seine sämtlichen Einzelteile, jedes mit Namen versehen, wie ein Sonnensystem. An den Rändern des Tuches eine Reihe von Quadraten, eine Art Comicstrip, darunter jeweils fünf, sechs Zeilen Text in dicken schwarzen Druckbuchstaben. Lesen musste man die Anleitung von außen, das heißt, um sie ganz zu lesen, musste man das auseinandergefaltete Tuch einmal im Kreis drehen. Von einer Ecke zur anderen waren es jeweils fünf Quadrate, also insgesamt sechzehn. In jedem der Quadrate war eine typische Situation beim Gebrauch des Gewehrs abgebildet: wie man es beim Schießen richtig anlegt, worauf man achten muss, wenn man damit auf einem Pferd reitet, wie man es lädt, wie man es reinigt. Es waren klar verständliche, dramatische Bilder, mit einem stilisierten Berg im Hintergrund und einem Beispielsoldaten von großer, athletischer Statur, Bilder, die nicht so sehr Comiczeichnungen als vielmehr den Illustrationen in alten Abenteuerbüchern glichen und damit einen vertrauten Eindruck auf mich machten. Der Text darunter hätte bei seinen nützlichen Hinweisen und praktischen Ratschlägen eigentlich mit großer Redundanz geschrieben sein müssen, der Autor schien sich aber extra Mühe gegeben zu haben, alles knapp und klar auszudrücken.

Die Bilderserie, die »vernünftige« Reihenfolge von einem Bild zum nächsten, könnte eine Geschichte ergeben: die Erzählung vom versprengten Soldaten, der sich im Wald verirrt hat. Und nicht nur *eine* Geschichte, sondern so viele, wie sich Erzähler fänden, die sich die Mühe machen würden zu schreiben, indem sie das Tuch als Geschichtengenerator verwendenten. Zudem könnte ein und derselbe Erzähler verschiedene Geschichten erzählen, je nach eben dem, bei welchem Bild er anfängt.

Der Plot vom einsamen Soldaten, der sich von unsichtbaren Feinden und der feindlichen Natur umstellt sieht, ist ein Klassiker, verarbeitet in zahllosen Variationen, auch in der kubanischen Literatur: Für Novás Calvo beispielsweise war er das Leitmotiv. In diesem Fall bleibt den auf ihre Erfindungsgabe angewiesenen Autoren nichts weiter übrig, als auf der Suche nach Originalität ins Extrem vorzustoßen. *Ein* solcher Extremfall, einer der vielen möglichen, ist der des japanischen Soldaten, der sich im Glauben, der Zweite Weltkrieg sei noch nicht zu Ende, achtundzwanzig Jahre im Dschungel versteckt hält. (Auf eine Nation gemünzt, kann man, mit ein bisschen Ironie oder Bosheit, in Kuba den japanischen Soldaten des Kalten Krieges sehen.) Die Wirklichkeit aber wird weiter daran arbeiten, die Inspiration überdeutlich und überflüssig zu machen, weshalb mechanische Verfahren wie im Fall des Tuches einen radikalen Ausweg darstellen, weg von den beschränkten Ressourcen, von Sujet, Talent, Erlebnis, Gesinnung und dem ganzen psychologischen Krimskrams.

Die Radikalität ist garantiert durch den absichtlichen Analphabetismus, dem man sich unterwerfen muss. Bilder illustrieren die historischen Kulminationspunkte, wir können aber die Geschichte nicht lesen. Weil es sie nicht gibt. Die Illustrationen sind vorgegeben, und ihr Zeichner dachte, als er sie anfertigte, an alles andere als an Geschichte. Es ist der Autor, der aus ihnen Ausgangsdaten macht. »Étant donnés ...« Das ist die Formel von nichtpsychologischer Kunst, die gemacht sein könnte »von allen, nicht (unbedingt nur) von einem«.

Wie gesagt, die Geschichte könnte mit jedem einzelnen der sechzehn Quadrate der Bildergeschichte auf dem Tuch anfangen. Die konkreten stofflichen Komponenten des Gegenstands sind im generativen Prozess von erstrangigem Nutzen. Um seine Sache gut zu machen, müsste man sechzehn Geschichten erzählen und jede bei einem der Bildchen beginnen lassen. Oder besser noch: eine einzige Geschichte in sechzehn Teilen, jeden davon in sechzehn Kapiteln. Auch die Falten, die beim Einstecken des Tuches in die Hosentasche entstehen, kann man als Generatoren verwenden sowie das sich beim Zusammenknäueln ergebende zufällige Nebeneinander von Bildern oder das Sich-voneinander-Entfernen anderer ... Die in den Falten verborgenen Bilder könnten die Träume des Soldaten sein.

6

Obwohl ich nach dem Tuch alles gesehen zu haben meinte, hielt das Museum noch einen anderen interessanten Anblick für mich bereit.

In Wirklichkeit gab es vermutlich etliche sehenswerte Dinge, so wie das, von dem mir ein kubanischer Schriftsteller erzählte, als wir am nächsten Tag noch einmal an dem Museum vorbeikamen, das in einem großen Kolonialpalast seine Heimstatt hat. Er fragte mich, ob ich schon drin gewesen sei; ich bejahte seine Frage, und er sagte, dann hast du bestimmt die Lapislazuli-Wanne gesehen, in der der Regierende Bischof der Insel gebadet hat ... Ja, klar doch!, log ich. Und er: Es ist das Beste, was es dort zu sehen gibt, vielleicht das Einzige, was sich überhaupt lohnt. Ich nickte kaum merklich und kam mir vor wie ein Volltrottel. Ich war so von dem Tuch benebelt gewesen, dass ich die phantastische Lapislazuli-Wanne völlig übersehen hatte. Der einzige Trost besteht für mich darin, dass mir das immer wieder passiert. Der kubanische Schriftsteller hakte nach: Ist dir aufgefallen, wie klein sie ist? Kaum zu glauben, dass dieser riesige Fettwanst von Bischof da reingepasst haben soll. Ja, sagte ich traurig, wirklich kaum zu glauben!

Jedenfalls hatte ich am Tag zuvor auf dem Heimweg von meiner Träumerei vor dem Tuch noch etwas ganz anderes gesehen, was die Lapislazuli-Wanne wenigstens zum Teil aufwog. Der Palast besaß einen großen zentralen Innenhof, mit Statuen drin und schattenspendenden Bäumen, und in dem gab es ein Pfauenpärchen. Besser gesagt einen Pfau und die dazugehörige Henne, an der ganz und gar nichts

Pfauenhaftes ist. Ich ging näher heran, weil der Hahn seinen Schwanz gespreizt hatte, was ich noch nie im Leben von Nahem gesehen hatte. Wobei ich an dieser Stelle anmerken muss, dass ich sehr kurzsichtig bin und mir die Brille nur insofern etwas hilft, als sie mich in Gesellschaft wenigstens weiterfunktionieren lässt, mehr nicht. Kurzsichtigkeit und Schüchternheit gehen stets Hand in Hand; über die Frage, was Ursache, was Wirkung ist, gehen die Meinungen auseinander. Die Schüchternheit hat aus mir einen Einzelgänger gemacht, und der Bedeutungsunterschied zwischen Einzelgänger und Exzentriker ist minimal. Die Kurzsichtigkeit hat mich sämtlicher Details beraubt, ein Verlust, der sicherlich die exzessive, etwas monströse Entwicklung meiner Einbildungskraft verursacht hat.

Zum ersten Mal hatte ich einen Pfau mit zwölf Jahren gesehen, im Zoo von Buenos Aires, wohin wir als Beste der sechsten Klassen aller Schulen von Pringles fahren durften. Auch der Pfau damals hatte ein Rad geschlagen, aber in ziemlicher Entfernung, in der Voliere zusammen mit Vögeln anderer Arten, ganz weit hinten. Meine Reisegefährten, alles Kinder aus der Provinz bei ihrem ersten Besuch in der großen Stadt, hatten von Anfang an viel von dem gesprochen, was sich wie ein Leitmotiv durch diese Reise ziehen sollte: Was für ein unglaubliches Glück wir immer hatten! Und tatsächlich ergaben sich Umstände, die man einem glücklichen

Geschick zuschreiben konnte; am auffälligsten war das ein paar Tage zuvor beim Besuch im Hafen gewesen, als wir erst vor Ort erfuhren, dass gerade für diesen Nachmittag die einmalige Erlaubnis gegeben worden war, den Flugzeugträger 25 de Mayo zu besichtigen; und wir nix wie rauf und hatten uns alles angeschaut, unter militärischer Anleitung. Mir ist in meinem ganzen Leben nie wieder jemand begegnet, der an Bord dieses Flugzeugträgers gewesen wäre, des einzigen, den Argentinien je besessen hatte und den es nicht mehr gibt. (Durch Zufall habe ich ihn ein Vierteljahrhundert später noch einmal gesehen; ich besuchte gerade einen Freund in seinem Büro im zwanzigsten Stock eines der Catalina Towers, und er trat mit mir ans Fenster, um mir etwas zu zeigen: Dort unten lag, in einer Art Hafenbecken, versteckt hinter dem Sheraton-Hotel, der Flugzeugträger. »Sie haben ihn hier während des gesamten Krieges gehabt«, sagte mein Freund; es waren die Tage, als der Malvinen-Krieg in seinen letzten Zügen lag. Wäre er ausgelaufen, hätten ihn die Engländer mit einer einzigen Rakete versenkt. Es war die einzige Gelegenheit, wo er zu etwas hätte dienlich sein können, und die hatte man verpasst, weil er zu veraltet und zu zerbrechlich war, und zu wertvoll. Auf einem seiner Türme drehte sich die ganze Zeit sehr schnell ein Radarschirm und täuschte in lächerlicher Weise Action vor. Er sah ganz klein und furchtsam aus mit seinem sich drehenden Radarschirm, wie ein verängstigtes Tier.) In dem gespreizten Pfauenschwanz sahen meine Kameraden eine Bestätigung unseres Glücksfadens, und um die Bestätigung zu bestätigen, wussten wir plötzlich alle ganz genau, dass man extrem selten miterleben kann, wie ein Pfau ein Rad schlägt, dass er es nur einmal im Jahr macht, für fünf Minuten, um Mitternacht usw. In Wahrheit habe ich noch nie einen Pfau gesehen, der *kein* Rad schlägt, weil ich nach dem ersten Mal damals nur noch einmal einen gesehen habe, vergangenes Jahr im Zoo von Mexiko-Stadt, und der hatte seinen Schwanz auch gespreizt, allerdings wie der davor ebenfalls weit weg. So dass ich im Innenhof des Museums in Havanna meiner Kurzsichtigkeit zum ersten Mal die Gelegenheit verschaffen würde, einen Pfau aus zwei Metern zu sehen, und darüber will ich erzählen. Aber zuvor muss ich noch eingestehen, dass meine Kurzsichtigkeit nur die eine Seite der Medaille ist, die andere ist meine Unaufmerksamkeit. Was nützt es zu sehen, wenn sich das Bild nicht in Erfahrung verwandelt?

Jedenfalls bin ich näher an ihn herangetreten. Ich brauchte ein bisschen, um die Situation zu überblicken. Der Hahn hatte seinen Schwanz, die Schleppe, vollkommen gespreizt, es war eine Art Superfächer, der drei- oder viermal so groß war wie seine Körpergröße, und er sah die Henne an, die wie ein gewöhnliches graues Huhn aussah und auf dem Steinfußboden ein paar Samenkörner aufpickte. Abwechselnd herrschte mal Stille, und der Hahn machte ein paar

Schritte und baute sich vor der Henne auf, mal erzeugte er ein Zittern mit einem elektrischen Geräusch, einem seltsamen Sirren, sicherlich Effekt einer kaum wahrnehmbaren Schwanzbewegung. Das Pfauenrad war nicht plan, sondern leicht nach innen gewölbt, wie ein Parabolschirm, und die Trippelschritte des Pfaus zielten auf die Henne, die unablässig Körner pickte. Das Zittern dauerte ein paar Sekunden, zwanzig oder dreißig, und mehr als ein Zittern war es eine Anspannung, des Körpers verschluckter Lockruf dunkelen Schluchzens. Sie schenkte ihm nicht die geringste Aufmerksamkeit und tat, als wäre er Luft.

Neben mir standen zwei Kubaner, die ebenfalls das Pfauenpaar beobachteten, einer war Angestellter des Museums, vermutlich Wärter oder Gärtner, er ließ das tierische Pärchen nämlich keine Sekunde lang aus den Augen. »Sie braucht noch zwei Wochen, bis sie brünstig ist«, sagte er, »sie ist noch nicht *clueca*.« Er benutzte das Wort *clueca*, das aus Pringles ist, komisch. Mich verwundert immer, wenn ich sehe, wie Wörter und Ausdrücke aus meiner Kindheit in Pringles ihren Weg durch die Welt genommen haben. Der Pfau war ganz unübersehbar brünstig, er war zu früh dran, oder er war es immer. Mit der gespreizten Schleppe und dem Zittern machte er ihr den Hof, aber völlig vergebens, und es war absolute Verschwendung, da die Henne ja noch nicht empfänglich war. Und weil sie es nicht war, sah sie ihn einfach gar nicht. Ihre

Aufmerksamkeit würde entflammen, wenn es so weit wäre, und bis dahin gab es weder geheuchelte Aufmerksamkeit noch gute Manieren noch Neugierde. Er machte unbeirrbar weiter, und höchstwahrscheinlich würde er auch in den beiden kommenden Wochen ebenso unbeirrbar weitermachen. Es stimmt zwar, dass er sonst nichts zu tun hatte, aber trotzdem war es deprimierend, das mit ansehen zu müssen. Es ist komisch, man glaubt immer, in der Welt der Natur ist alles auf magische Weise aufeinander abgestimmt. In diesem Fall wusste der menschliche Wärter mehr als der Pfau selbst.

Und es war ihm ernst damit, er nahm es nicht sportlich. Der ganze Vorgang war für ihn von einem tödlichen Ernst, den die Uninteressiertheit ihrerseits der Lächerlichkeit preisgab. Von vorn gesehen, vor dem Hintergrund des großen Fächers, reckten sich Brust, Hals und Kopf entgegen und lagen in einem schillernden, phosphoreszierenden Großfederblau. Neuerliches Zittern. Das Geräusch klang, als käme es von einem schrecklichen Vibrator. Es war irgendwie monströs. Es sollte Faszination wecken, doch die Botschaft verlor sich im Leeren. Eine passende Metapher wäre ein Radarschirm, der seine Wellen zu einem anderen Stern sendet, aber niemand weiß, dass der schon vor Jahrmillionen erloschen ist und die Botschaft sich nicht im Raum, sondern in der Zeit verliert. Hier betrug die Phasenverschiebung nicht Jahrmillionen, sondern nur zwei Wochen, aber selbst wenn es nur zwei

Sekunden wären, würde das an der Sache nichts ändern. In Wirklichkeit funktioniert der sexuelle Dimorphismus ganz allein mit der Zeit, der Evolution.

Meine Nachbarn hatten weitergeredet, und der Wärter sagte: »Vergangenes Jahr hat sie vier Eier gelegt.« Der andere machte eine anerkennende Bemerkung, wie wenn vier viel wären, und bestimmt waren sie das auch. Vier Pfaueneier mussten ein ansehnliches Kapital darstellen. Doch die Geschichte dieser vier Pfaueneier endete traurig: »Zwei wurden gestohlen, eins ist uns kaputtgegangen, und das vierte war taub.« Nachdem er noch eine Weile voller Bewunderung den vergeblichen Manövern des Hahns zugesehen hatte, setzte er hinzu: »Mal sehen, was dieses Jahr passiert.«

Ich ging und musste an den Satz von Perón denken: »Ich nehme auf meiner Netzhaut das Bild des größten Wunders mit ...« Er bezog sich damit auf das Volk und auf seinen eigenen nahen Tod. Auch dabei gab es eine Phasenverschiebung: seine achtzehn Jahre im Exil, die aufgeschobenen Forderungen, den Lauf der Geschichte, die nie in ihrer eigenen Zeit stattfindet. Das Volk wiederum nahm das Bild von Perón als Miniatur mit, und zwar bis zum eigenen Tod als revolutionäres Subjekt; danach würde die Miniatur als Souvenir übrig bleiben. Ich stellte mir ein auf der Plaza de Mayo versammeltes Pfauenvolk vor, wie es alle seine Federaugen auf den Balkon richten würde, und dazu das Sirren.

7

Alles bisher fand in den Stunden statt, wenn Tag war. Die Nachtstunden waren für mich von zwei Gestalten bestimmt, die alles, was ich während meiner Spaziergänge durch Havanna erschaut hatte, ins Negative wendeten.

Die erste war die blinde Frau, die in einem Nachtlokal als Liftboy arbeitete. Sie bediente mit viel Erfahrung (dem bisschen, das ihr das Amt abverlangte) den Fahrstuhl, der ohne Licht war. Ich war noch nie in einem Aufzug gefahren, egal ob hinauf oder hinunter, in dem es dunkel gewesen wäre. Ich fragte nicht, niemand fragte, warum der Lift im Dunkeln fuhr. Die blinde Frau selbst war a priori so etwas wie eine Erklärung dafür. Vielleicht war ja die Glühbirne durchgebrannt, und da die Blinde keinen Unterschied merkte, hatte sie es nicht an die zuständige Stelle weitergegeben, und es blieb, wie es war. Die Leute wiederum, die den Fahrstuhl benutzten, machten keine Bemerkungen dazu, aus Respekt für diese Frau, die trotz ihrer Behinderung arbeitete, und zwar, wie man sah, mit Verantwortungsbewusstsein. Vielleicht war es aber auch einfach nur eine Energiesparmaßnahme. Außerdem hatte es seine eigene Logik, so verdreht mir die auch vorkam; die Liftfrau jedenfalls fand sich mit Tast- und Hörsinn zurecht. Trotzdem, merkwürdig war es schon. Der Fahrstuhl war keiner dieser alten Gitterkästen, in die immer noch genug Licht von außen fällt. Er war moderner, aus hermetisch abgeschlossenen Metallplatten, und die Finsternis, die in seinem Innern herrschte, war undurchdringlich, kompakt. Frei von visuellen Beeinträchtigungen der Aufmerksamkeit waren die Nuancen des Hinauf- oder Hinunterfahrens wunderbar wahrzunehmem, so als geschehe es im Vakuum.

Die zweite Gestalt von der Sorte war der Security-Mann eines Nachtlokals, ein junger schwarzer Soldat von kolossalen Dimensionen. Er muss über zwei Meter groß gewesen sein, von massiger, hünenhafter Gestalt. Es ist eine bewährte Vorsichtsmaßnahme, an derlei Örtlichkeiten, wo alkoholische Getränke zu sich genommen werden, stämmige Kerle einzusetzen, zur Abschreckung. In diesem Fall geriet die Abschreckung ins Märchenhafte. Der Riese zwang seine märchenhafte Größe der Wirklichkeit auf und machte sie klein. Es muss nicht betont werden, dass er alle Blicke auf sich zog. Selber schaute er niemanden an. Er bewegte sich langsam von einem Saalende zum anderen, stellte sich mürrisch zur Schau, wie in einer anderen Welt, unvermeidlicher Effekt eines Übermaßes an Präsenz. Seine Körpergröße passte nicht hinein in die Kategorien der Aufmerksamkeit und der Ablenkung.

Havanna, 2000

Über zeitgenössische Kunst

Mit der Malerei beschäftige ich mich als Schriftsteller auf der Suche nach Ideen, Anregungen, Methoden und Themen. Fast unvermeidlich also, eine klassische, geradezu konventionelle Situation. Der Anfang der Literaturgeschichte – und schon haben wir unseren Ursprungsmythos – liegt womöglich bei einem ersten Gedicht oder einer ersten Erzählung, in der eine Zeichnung oder Statue beschrieben oder gedeutet wird. Den Freunden oder Höhlennachbarn davon zu erzählen, wie ich einen Büffel erlegt habe, ist ein schlichter Kommunikationsakt, in dem der Sprache eine rein funktionale Rolle zukommt. Ihnen aber eine Geschichte zu erzählen, die inspiriert worden ist von den an die Wand gemalten Büffeln und Jägern, konnte bereits ein Vorgriff auf die Literatur sein. Die Vermittlung durch Bilder stellt eine Distanz her, und die Entfernung erzeugt einen Raum, in dem die Worte widerhallen und ihre Ausdruckskraft über den eigentlichen Nutzwert hinaus vervielfachen können.

Dieser Ursprungsmythos gründet zwar auf schwankenden Boden, aber ohnehin stehen wir nicht mehr am Ursprung, sondern eher am Ende. Es sei denn, Zweck und Ziel unseres Berufs beständen letztendlich darin, zu einem Ursprung zurückzufinden. Und jeder Ursprung ist gut, wenn er der Sache dient. Ich hingegen, im Sattel dieser persönlichen, zweifelhaften Epik der Vermittlungen sitzend, habe im Schlingern der zeitgenössischen Kunst* einen so unvergleichlichen wie unerschöpflichen Quell produktiver Phantasmagorien gefunden, und zwar seit ich das erste Mal von ihr angesteckt wurde, ein mir unvergesslicher Tag. Es war im Jahr 1967, als ich in einem Buchladen in Buenos Aires *Marchand du sel* kaufte, die erste Sammlung von Schriften Marcel Duchamps, herausgegeben von Michel Sanouillet. Dieses 1959 in Erik Losfelds Verlag *Le Terrain vague* veröffentlichte Buch enthielt ein transparentes Faltblatt mit der Fotografie des Großen Glases, das inzwischen zu einem wertvollen Sammlerstück geworden ist, so wertvoll, dass ich mir eine Taschenbuchausgabe

---

*im Deutschen synonym mit »aktueller Kunst« und »Gegenwartskunst« verwendet, zudem umgangssprachlich, so auch in *Die Nächte von Flores*, häufig mit »moderner Kunst« gleichgesetzt; Anm. d. Übers.

zulegen musste, um nicht beim Umblättern immer wieder die Seiten anzufassen. Ich wollte es in gutem Zustand erhalten für den Fall, dass ich es einmal verkaufen will. Der Text eines Buches lässt sich von der kostbaren Erstausgabe mit dem gesamten Qualitäts- und Informationsgehalt verlustlos in eine billige Schmökerausgabe übertragen. Im Unterschied zum Bild bedurfte das geschriebene Wort technisch keinerlei Fortschritts, um vollständig reproduziert zu werden.

Hier aber kommt der Fetischismus ins Spiel, die dialektische Überwindung der Reproduktion; und es ist autobiografischer oder sentimentaler Fetischismus, wenn ich bis heute mein Exemplar von *Marchand du sel* nicht verkauft habe. Mit achtzehn, so alt war ich, als ich es kaufte, wollte ich Schriftsteller werden. Ich wollte Romane schreiben wie die, die mich von Kind an begleitet hatten, ich wollte über Kollegen urteilen und auf die Schreibmaschine einhämmern, bis mir die Finger wund würden, ich wollte kluge, bedeutsame Dinge sagen, Dichter und Essayist werden, den Nobelpreis erringen, und obendrein, als wäre das alles nicht genug, fühlte ich mich noch zur rechten Zeit gekommen, um ein zweiter Rimbaud zu werden. Der Zauber Duchamps aber, diese besondere, kalte Faszination, in der sein Geheimnis besteht, machte sämtliche derartige Pläne für immer zunichte. Es war eine Ahnung ohne genaue Konturen, die sich jedoch nicht ignorieren ließ. Die Unbestimmtheit, mit der sie daherkam, machte sie nur noch unüberwindlicher. Ich habe vierzig Jahre gebraucht, um eine erste Mutmaßung anzustellen darüber, was hinter dieser jugendlichen Schwärmerei eigentlich steckte, und ich weiß noch immer nicht, ob es genau das war, was mir vorgeschwebt hatte, ob an der Sache etwas genau Definierbares ist und ob es überhaupt lohnt, es zu verstehen. Ich glaube, was sich mir durch das Transparentfaltblatt offenbarte, war die Nutzlosigkeit des Bücherschreibens, sosehr man Bücher auch liebt, oder gerade dann. Es war an der Zeit, etwas Anderes zu tun. Dieses Andere (das im Übrigen schon getan war, Duchamp hatte es getan), dieses Andere war, was ich dann, um mich nicht erklären zu müssen, unter der Maske des Schriftstellers tat: Ich schrieb die Fußnoten, die imaginären oder ironischen, aber stimmigen und systematischen Gebrauchsanweisungen für von mir erfundene imaginäre Apparate, die die Wirklichkeit funktionieren ließen, wie ich es wollte.

Dieses Programm war antidiskursiv und doch wortreich. Es befriedigte das Gefallen am Geheimnis und zugleich das Missfallen am angepassten Schweigen, es ersparte mir das Reden und Erklären, Interpretieren und Belehren, die Meinungsäußerung und den Gedankenaustausch, ließ mir aber das Schreiben jenseits der allwissenden Schwätzerei, stellte es ein auf die Wellenlänge der Intelligenzspiele und der Erfindung, auf der schon Duchamp gesendet hatte und auf der auch seine zahlreichen Nacheiferer sendeten, auf das, was man wenig später zeitgenössische Kunst nannte.

Diese Vorgeschichte lässt bestimmt schon ahnen, dass ich ein eifriger Leser und Abonnent der Zeitschriften bin, die von den Neuigkeiten aus der Kunstwelt berichten, allem voran *Artforum* (meine *Artforum*-Sammlung reicht bis in die siebziger Jahre zurück), aber auch von *Art in America*, *Flash Art*, *Frieze* und *Art Press*. Wobei ich bewusst bei den Zeitschriften beginne, und zwar wegen eines Umstands, den ich, bestimmt nicht als Einziger, immer wieder beobachte und der mit den Jahren immer augenfälliger wird, wegen der Tatsache nämlich, dass diese Journale mit ihrer immer besseren Druckqualität und ihren immer perfekteren Fotoreproduktionen dabei doch einen immer armseligeren und enttäuschenderen optischen Eindruck hinterlassen. *Artforum* liegt im Briefkasten, und beim ersten ungeduldigen Durchblättern sehe ich Fotos von dunklen Sälen mit Bildschirmen, auf denen verschwommene Gestalten sind, menschenleere Galerieräume, eine am Tisch sitzende Dame, auf Bügeln hängende Kleidungsstücke, Videoaufnahmen, auf denen kaum etwas zu erkennen ist, Laub oder Wolken oder eine Pfütze vielleicht, ein Zimmer mit auf dem Fußboden liegenden oder an der Wand lehnenden

Brettern, ein Schnappschuss von einer Familie am Strand, ein Cocktailglas, ein Büro usw. Es passiert, dass man alles bis zur letzten Seite durchblättert und nichts findet, was allein durch das Bild überzeugt. Man muss noch einmal von vorn beginnen und aufmerksam lesen, um zu entdecken, was es mit diesen enttäuschenden Fotos auf sich hat, und hat man es begriffen, sieht man ein, dass sich diese Kunstwerke, die tatsächlich innovativ, intelligent und wertvoll sein können, sich aber hartnäckig und bewusst der fotografischen Wiedergabe entziehen, besser gar nicht hätten dokumentieren lassen.

Schieben wir für den Moment die übliche Kritik des Feinds der zeitgenössischen Kunst beiseite, der sagt, dass diese Scharlatane, die sich heute als Künstler ausgeben, von einem Rechtfertigungsdiskurs abhängen, damit der Unfug, den sie fabrizieren, überhaupt Wert erlangt. Denken wir lieber an die Logik und die Geschichte der Reproduktion – ohne auf die philosophische Frage der »Aura« einzugehen, die mich persönlich nie sehr überzeugt hat. Das Kunstwerk trug von Beginn an die Möglichkeit seiner Reproduktion in sich. Die Absicht der Wahrnehmung und der Erinnerung gebiert unausweichlich Gespenster in Raum und Zeit. So betrachtet, ist das Kunstwerk nur Vorlage für seine Reproduktionen und nicht viel mehr (der Rest ist ein Prestigegegenstand, der wie jeder Gegenstand irgendwann Opfer von allen möglichen Unfällen und Manipulationen wird). Die konkrete, berührbare

Reproduktion hat das Kunstwerk stets begleitet. Die alten Griechen reproduzierten die Statuen (und ich weiß noch, wie überrascht ich war, als ich bei Kenneth Clark las, dass die Originale aus Bronze waren und Marmor für die Kopien bestimmt war; ich hatte immer gedacht, es wäre umgekehrt). Die Vorgeschichte der Reproduktion war die Kopie, die aufwendig eins zu eins hergestellt wurde. Doch schon in dieser Vorgeschichte gab es die Negativformen und Abformungen, von denen der Abdruck eine zweidimensionale Variante ist. Mit der Fotografie ist die Reproduktion des Kunstwerks in ein Stadium gelangt, das als ihr höchstes anzusehen ist und in dem nur noch Vervollkommnungen denkbar sind. Wobei nicht übersehen werden darf, dass diese nicht nur Vorteile haben. Federico Zeri verwandte, wie er erklärte, bei seinen Studien und Forschungen ausschließlich Schwarzweißfotografien, und zwar nicht allein wegen der Dürftigkeit der chemischen Farben, sondern auch aus Gründen der formalen Struktur. Die Geschichte der Grisaille als Mnemotechnik muss womöglich neu überdacht werden.

Von einem bestimmten Zeitpunkt an, und zwar genau dem, da die zeitgenössische Kunst ihren Anfang nahm, hat offenbar ein Wettlauf zwischen dem Kunstwerk und seiner technischen Reproduzierbarkeit begonnen. Und vielleicht diktiert ja dieser Wettlauf, diese Flucht nach vorn, die Form, die das Kunstwerk annimmt. Das zeitgenössische Kunstwerk entzieht sich der technischen Reproduzierbarkeit in dem Maße, wie diese voranschreitet und sich vervollkommnet. Das Werk wird heute Kunstwerk, sobald es seiner Reproduzierbarkeit einen Schritt voraus ist …

Eine vielsagende Verkörperung dieses Wettlaufs waren die heute schon etwas aus der Mode gekommenen Installationen, deren Markenzeichen sich jedoch über ihr eigentliches Format hinaus verbreitet hat. Die Fotografie vermittelt nur teilweise eine Vorstellung von der Installation, ja, weniger als teilweise, da sie diese auf eine Ebene mit den Illustrationen einer Inneneinrichtungszeitschrift stellt. Mit ihrem Mechanismus von Eingang, Weg und Ausgang machen sich Installationen hintersinnig über Reproduktionen lustig und locken nicht nur Uneingeweihte in die Falle. In seinem Kommentar zu einer Installation von Beuys wies David Sylvester dem Betrachter zentimetergenau den Standort zu, den er einnehmen müsse, um den größtmöglichen ästhetischen und emotionalen Nutzen aus dem Werk ziehen zu können. So ein scharfsichtiger Kritiker wie Sylvester, der in seiner Ausbildung allerdings von Studium und Genuss der Malerei herkam, missverstand völlig das Format der Installation, indem er es für reproduzierbar hielt – man stelle die Kamera nur an den richtigen Fleck.

Zwar hat sich, was man »Reproduktionstechnik« nennen könnte (oder auch »Reproduktions-, Repräsentations- und

Dokumentationstechnik«), in den vergangenen Jahrzehnten immer weiter vervollkommnet, und durch die Digitalisierung ist es inzwischen möglich geworden, selbst größte Datenmengen auf kleinstem Raum zu speichern. Doch diese Vervollkommnung reagiert auf vorangegangene Schritte der zeitgenössischen Kunst (gehorcht ihnen vielleicht sogar), die die Bewegung, den Klang, die Zeit in allen ihren Wechseln, die die enzyklopädische Information in sich aufgenommen haben. Der zeitgenössische Künstler arbeitet sich vorwärts, er geht immer einen Schritt weiter und richtet seinen Geist, seine Erfindungsgabe darauf, sein Werk mit einem Aspekt, einem Gesichtswinkel, einer Pointe zu bereichern, die sich selbst der neuesten, erschöpfendsten Reproduktionstechnik entzieht. So dass Kunstzeitschriften, wenn sie tatsächlich auf der Höhe der Zeit sein wollen, visuell weiterhin enttäuschend wirken, weil ihre Illustrationen gerade in dem Augenblick innehalten müssen, bevor sie eine vollständige Vorstellung vom Werk geben könnten.

Dieses – kleinere oder größere – Manko bei der Reproduktion (und ich beziehe mich dabei weiterhin auf die Fotos, mit denen meine Kunstzeitschriften illustriert sind), diese per se unvollkommene Reproduktion lässt an ein anderes Kunstwerk denken, wobei der nichtreproduzierbare Aspekt nicht unbedingt dazu bestimmt ist, ein neues Kunstwerk hervorzubringen, wohl aber eine neue Geschichte. Neben einem Artikel über eine kürzlich entstandene Produktion eines jungen Künstlers sehe ich das Foto von einem auf dem Fußboden liegenden Haufen Sand. Worin besteht das Kunstwerk? Es kann ein Haufen Sand sein, der von der Sinaiwüste in ein Museum in Alaska versetzt wurde, oder die Idee besteht darin, dass die Betrachter den Sand zertrampeln oder sich daraufsetzen sollen, oder jeder soll ein Sandkorn mit nach Hause nehmen, oder unter dem Sand befindet sich eine Brâncuşi-Skulptur ... Ein Konzept lässt sich nicht fotografieren. Dem Text aber, der es erklärte, würde ebenfalls etwas fehlen, und zwar etwas Grundlegendes: die Konstellation der über dem bloßen Foto schwebenden möglichen Geschichten. Wobei der Kombination von Foto und Text in paradoxer Verarmung noch viel mehr fehlen würde.

Worauf ich hinauswill, ist der Wettlauf zwischen Kunstwerk und Reproduktion, in dem sich diese so nahkommen, dass sie irgendwann ununterscheidbar sind. Die Reproduktion selbst wird Kunstwerk oder, genauer gesagt, sie wird Kunst ohne Werk. »Ungeträumter Traum«, sagte de Chirico. Noch nicht geträumter Traum, latenter Traum, ohne die Übermacht des Verwirklichten. Die Kunst wird zum leicht phantastischen Spiel mit der Zeit: die Dokumentierung von etwas, das war, und zugleich das Versprechen von etwas, das sein wird. Ungeboren und postum. Vielleicht war das Kunstwerk schon immer dieses Etwas einer prekären oder zwiespältigen Existenz in der Spannung zwischen Vorher und Nachher, Handlanger eines Drehbuchs, das seine Schönheit und seinen Zauber als ein Geheimnis verbirgt.

Jedenfalls haben wir guten Grund, in der konkreten Existenz der Kunstwerke – als Köder für Touristen und Millionäre, mit ihrem Prestige bei Halbgebildeten, ihrer verächtlichen Unverrückbarkeit und ihrer Schatztruhenarroganz – etwas ziemlich Schäbiges zu sehen. Die immer wieder gestellte, nachgerade klassische Frage: »Was würden Sie retten wollen, wenn der Louvre (resp. der Prado oder das MoMA) brennen würde?«, – verrät doch vor allem eins, nämlich wie liebend gern wir diese altehrwürdigen Institutionen in Flammen aufgehen sehen und uns endlich den ganzen Plunder vom Halse schaffen würden.

So wie beim Wettlauf zwischen Kunstwerk und Reproduktion stets das Werk siegen wird – und es wird siegen! –, so wird dank der immer schnelleren Entwicklung der Reproduktionstechnologien der Vorsprung immer geringer werden, und wir erleben eine neue Version des Wettrennens zwischen Achill und der Schildkröte. Doch die Reproduktion wird Werk und das Werk Reproduktion, wenn beide begreifen, dass, was zählt, die Geschichte ist, das Drehbuch der Fabel, von dem sie beide vorangetrieben werden.

Man müsste von »erweiterter Reproduktion« sprechen, erweitert allerdings nicht auf der Linie der rein technischen

Vervollkommnung, sondern erweitert in allen Richtungen oder besser gesagt in allen, selbst heterogenen Dimensionen. Und das würde die Literatur sein, zumindest das, was ich darunter verstehe bzw. was ich seit 1967 darunter verstehe. Die Literatur als »erweiterte Reproduktion« in allen Richtungen eines multidimensionalen Kontinuums, eines Kunstwerks, bei dem es nicht mehr wichtig ist oder unerheblich wird, ob es existiert oder nicht.

Diese von mir um die zeitgenössische Kunst aufgebaute Geschichte könnte auf jede Zeitepoche angewandt werden. Vielleicht hat das Kunstwerk es ja schon immer irgendwie geschafft, dass es von keiner Reproduktion vollständig wiedergegeben werden konnte. Man müsste an einen erweiterten Aura-Begriff denken, der die Erzählung vom Entstehen des Werks in sich einschlösse. Die konkrete Realität des Werks wäre durch das Werk selbst sowie seine die Konzipierung und Ausführung umfassende Zeit bestätigt, wobei unter dieser Zeit der historische Verlauf verstanden sei, in dem jeder Punkt einzigartig und unwiederholbar und daher nicht reproduzierbar ist. Das ist auch der Grund, weshalb niemand viel auf den banalen Ratschlag gibt, das Kunstwerk einzig nach seinen bildnerischen Werten zu beurteilen, unabhängig von den Kenntnissen oder Assoziationen, in die es eingehüllt ist. Selbst der dogmatischste Formalist, der das Gemälde falsch herum aufhängt, um sich ganz in das Spiel der Formen und Farben zu versenken, kann sich nicht völlig von der einen oder anderen Erzählung freimachen. (Richard Wollheim hat zu diesem Thema sehr Erhellendes geschrieben.)

Erst in den letzten Jahrzehnten, mit dem Aufkommen von immer perfekteren technischen Reproduktionsmitteln, ist dieses lange so eifersüchtig gehütete Geheimnis der Kunst unverhüllt an den Tag getreten. Einen Rest an Unreproduzierbarkeit zu bewahren erwies sich als die zwingend einzuschlagende Richtung. Das sorgte dafür, dass die zeitgenössische Kunst zu einer Kunst von Formaten werden musste, einer Epik von Formaten auf der Flucht.

In einem Gedankenspiel interpoliere ich manchmal Künstler der Vergangenheit in die allerneueste zeitgenössische Kunst. Nicht einfach nur als ein kontrafaktisches Spiel um seiner selbst willen, sondern um dem Zugewinn an Wirklichkeit nachzuspüren, die in ihren Werken verborgen ist. Tatsächlich war ein Künstler – sagen wir, der Renaissance – in Hinblick auf seine Formate (Malerei, Zeichnung und Bildhauerei) eingeschränkt. Innerhalb dieser Beschränkung gelang es einzelnen, die Spur ihrer *boîte verte* zu hinterlassen, und es ist diese Spur, die sie für uns lebendig hält. Die wissenschaftliche Forschung bringt diese Mechanismen ans Tageslicht, wenn sie sich von einem gewissen Rhythmus oder erzählerischen Impuls leiten lässt, wenn man über sie gewissermaßen in der Vergangenheit schreiben kann und nicht im grammatischen Präsens einer Bildbeschreibung. Dafür nur ein Beispiel, das ich einem Artikel von Mario Praz entnommen habe:

»Poussin ging mit einer überaus erstaunlichen Methode vor. Zunächst machte er von dem Gemälde, das er zu malen beabsichtigte, eine Bleistift- und Bisterskizze; sodann modellierte er seine Figuren alle in Wachs, in ihren genauen Haltungen, zuerst nackt, anschließend so bekleidet, wie sie auf dem Bild erscheinen sollten, wobei er für die Kleidung Stoff und Papier verwendete; ebenso in Wachs modellierte er die Baulichkeiten und weiteren Gegenstände; zum Schluss baute er um diese Art Weihnachtskrippe eine Pappschachtel mit Öffnungen, durch die das Licht so fallen sollte wie auf die Stelle, wo sich die gemalte Szene abspielte. Diese Methode überließ nichts dem Zufall; doch diente sie nicht nur dem praktischen Zweck, Einheit und Zusammenhalt auf dem Bild sicherzustellen. Indem er seine Figuren real modellierte, lebte Poussin die starken Instinkte seines Tastsinns aus und konnte, wenn er sie zugleich so klar und so fern vor sich sah, wie es mit den Miniaturmodellen einer Weihnachtskrippe im *presepio*-Stil geschah, in sich den Schatz eines optischen Eindrucks verwahren, der sich auf die halluzinatorische Erscheinung des fertigen Bildes übertrug. Poussins Bilder üben einen solchen Zauber aus, weil sie von der Erinnerung an ein Tasterlebnis durchtränkt und für immer ins spuk-, fast aquariumhafte Licht einer Weihnachtskrippe getaucht sind. Poussin hatte wirklich, mit seinen leiblichen Augen, nicht nur mit denen des Geistes, die römische, griechische oder biblische Szene, die er malte, gesehen, und zwar in allen Einzelheiten, so, wie sie gewesen war, als das geschichtliche Ereignis stattfand; in gewissem Sinne hatte er Körper und Kleidung der Figuren mit den Händen erfasst. Diese Methode war geradezu die einer archäologischen Rekonstruktion; doch auch wenn der Geist, der sie zeichnete, lediglich den Ansprüchen geschichts- und naturwissenschaftlichen Charakters genügen wollte, gab er sich dabei der merkwürdigsten aller metaphysischen Sehnsüchte hin: Er berauschte sich an der Droge von Methode und Technik, um besser träumen zu können.« (Mario Praz, *Milton and Poussin*)

Das riecht stark nach zeitgenössischer Kunst. Nicht weil er ein Diorama hergestellt hatte, ein damals wohl gängiges Verfahren, sondern weil er so unbeschwert zwischen den Mitteln von Skulptur, Malerei, Spielzeug, Miniatur, Zeremonie und Ritual zu wechseln verstand. Das gemalte Bild ist letztlich nichts anderes als der sichtbare Beleg einer verrückt gewordenen Junggesellenmaschine, die innerhalb der Tätigkeit des Künstlers herumtanzt. In seiner exquisiten

Ausführung und seiner musealen Zeitlosigkeit ist Poussins Bild das chiffrierte Dokument einer Geschichte von Erlebnis, Sehnsucht und Phantasie, an der auch Mario Praz, Daniel Arasse und andere teilhaben.

Vor alldem hätte man sich fragen müssen, ob es überhaupt nötig ist, die Kunstwerke in den von mir stets so begierig erwarteten Zeitschriften oder in irgendeinem anderen Medium zu reproduzieren. Hatten doch die Bilder und Statuen jahrhundertelang an Ort und Stelle gewartet, damit wir sie besuchen kommen und sie uns anschauen. Sie verhielten sich wie die Gespenster, die nur dann sprechen, wenn man das Wort an sie richtet, und sie sind überaus sesshaft, sesshaft über den Tod hinaus. Und zwar deshalb, weil sie auf die Zeit bauten, für die sie erschaffen worden waren, und ihnen das Warten nichts ausmachte. Die zeitgenössische Kunst hat, eben weil sie zeitgenössisch sein will, die Zeit abgeschafft, indem sie sie zur Gegenwart komprimiert, und sie muss überall zugleich sein. So setzt sich die Maschine in Bewegung: Es entsteht ein Bedürfnis nach Reproduktion, der Künstler reagiert darauf mit dem eigenen Bedürfnis, der Reproduktion etwas vorzuenthalten, die Reproduktion vervollkommnet sich, damit nichts sich ihr zu entziehen vermag ... Und dieser

Wettlauf, der über den gegenwärtigen Augenblick hinwegrast, erhält zu Recht den Namen »zeitgenössisch«.

In dieser Situation ist die Zeitschrift gegenüber dem Buch im Vorteil. Das Buch hatte seine Vormachtstellung zu einer Zeit inne, die neue Hierarchien aufbaute. Die Zeitschrift hingegen baut mit Erfolg die Hierarchien des Augenblicklichen ab. Die alten Kunstbücher bis Berenson waren im Allgemeinen in der Werbesprache des Reiseprospekts verfasste Reiseführer, die reale Ansichten von in Zeit und Raum verankerten Denkmälern versprachen. Die heutigen Zeitschriften, wie auch die bezeichnenderweise ohne Nachauflagen bleibenden Ausstellungskataloge, spannen in der Gegenwart das Transmissionsnetz einer von der Zeit losgerissenen Kunstwelt aus. Und es ist eine anspruchsvolle Transmission, die immer vollständiger zu sein sucht. Dieser Anspruch wendet sich gegen sich selbst, wenn er sich auf die Künstler überträgt, die es sich zur Aufgabe machen, etwas zu schaffen, was in der einen oder anderen Hinsicht nicht vollständig reproduzierbar ist. Und zwar nicht nur die fotografische oder die Video-Reproduktion, sondern auch ihre schriftliche Ergänzung, die signiert wird von Rosalind Krauss, Arthur Danto oder wer sonst gerade amtiert. Nichts läge mir ferner, als die Fähigkeiten einer Rosalind Krauss oder eines Arthur Danto zu unterschätzen. Im Gegenteil, ich bin mir sicher, wenn sie es darauf anlegen, können sie tief in die Geheimnisse eines

Kunstwerks eindringen; sie haben dafür eindrucksvolle Beweise geliefert. Doch liegt eben darin auch ihre Beschränkung: Unter den Geheimnissen eines Kunstwerks gibt es eines, und zwar das, worauf es ankommt, das nicht im Werk liegt und das auf der spezifischen Ebene, auf der sich das Werk ereignet, nicht zugänglich ist. Weil das Werk nämlich fertig ist und damit alles, was sich darauf bezieht, zu einer Form von Vergangenem, zu etwas Gesichertem, Geschlossenem gehört.

Es würde genügen, Poussins Bilder zu zerstören und nur ihn übrig zu lassen, um die Dimension des Ungeschaffenen auftauchen zu sehen, in der, wie ich denke, das utopische Geheimnis zeitgenössischer Kunst liegt. Das Ungeschaffene in das Geschaffene einzubeziehen ist die Aufgabe, der sich einige Künstler offenbar verschrieben haben, seit sich die Saga der Moderne selbst für beendet erklärt hat. Das Geschaffene, die existierenden Bücher, Bilder, Skulpturen, Videos usw. sind, weil geschaffen, Produkt und damit Gegenstand des Handels, sie sind auf dem Markt. Schlecht daran ist, dass sie, um auf dem Markt bestehen zu können, bereits etablierte und anerkannte Werte in sich tragen und damit den ureigensten Auftrag der Kunst verraten müssen, der darin besteht, neue Werte zu erschaffen und diese in Umlauf zu bringen.

Doch das Geschaffene ist weiterhin, und wird es bleiben, die notwendige Stütze des Ungeschaffenen, das seiner

Materie wie eine geheime Erzählung innewohnt. Die Literatur – die Literatur, wie ich sie verstehe und praktiziere – könnte die Silberbrücke sein, die zwischen Geschaffenem und Ungeschaffenem gespannt ist und beides in einer geheimnisvollen, anregenden Asymmetrie hält.

Eine weitere Fragestellung in diesem Zusammenhang ist die nach den Namen. Man müsste einmal, so dies nicht längst geschehen ist, die Geschichte oder Enzyklopädie der Namen der Kunstbewegungen schreiben. Es ist dies eine Geschichte, die in ihrer expliziten Form etwa ein Jahrhundert umfasste. Angefangen hat es mit den Impressionisten, einem Namen, der, wie später beim Kubismus, Fauvismus und anderen, ursprünglich als Kritik oder Spott gedacht war. Andere Namen, wie der des Futurismus, waren programmatisch gemeint, wieder andere, wie Dada, sollten provozieren, oder sie hatten, wie der abstrakte Expressionismus, deskriptiven Charakter. Sie verwiesen, wie die Pariser Schule, auf die geografische Verortung oder waren, wie CoBrA, ein Kürzel. In den 1960er Jahren vermehrten sich die Namen von Künstlergruppen und -strömungen explosiv. Die Namen und was sie bezeichneten gingen ins Uferlose: Pop, Op, Minimal Art, Konzeptkunst, Land Art, Fotorealismus, Arte Povera und hundert andere. Wie jede richtige Explosion machte auch diese alles dem Erdboden gleich. Neue Namen gab es danach kaum noch. Die wenigen, die später noch ins Spiel kamen, wie Pattern

Painting, Bad Painting, die Neuen Wilden (alle in den Siebzigern) oder die Transavantgarde, waren auf eine kurze Zeit und auf wenige Künstler beschränkt. Mit dem Karneval der Namen war es vorbei, als Ersatz blieb nur das Präfix Neo- oder Post- in Verbindung mit einem alten Namen.

Das sollte eigentlich kein Problem sein, die Kunst ging auch ohne Namen weiter, wie jahrhundertelang zuvor. Einen Namen brauchten einzig die großen Auktionshäuser, um ihn auf den Deckel ihrer Kataloge zu setzen und damit ihre Verkäufe zu bewerben. Darum wurde es Konsens, allem, was nach 1970 entstanden war und in keine bestehende Rubrik passte, einen allumfassenden konventionellen Namen zu geben. Der Name, den sie wählten, ohne ihre grauen Zellen zu überanstrengen und ohne irgendeine Zukunftsvorstellung zu bemühen, war »zeitgenössische Kunst«. Ein völlig absurder Name, weder deskriptiv noch provozierend noch geografisch verortend, von erdrückender, geradezu parodistischer Neutralität.

Merkwürdigerweise setzte sich der Name aber durch und blieb, und durch seine Dauer, die an sich schon paradox ist, hat er sich nach und nach mit Sinn erfüllt, unter anderem, oder hauptsächlich, dadurch, dass was er bezeichnet selbst in seiner enormen Vielfalt gemeinsame Züge hat, eine gewisse gemeinsame Atmosphäre, und zwar die der Übereinstimmung mit einem historischen Zeitpunkt, der die Geschichte spielerisch leugnet, um sich als permanente Gegenwart zu entfalten.

Der Begriff der Kunst, heißt es, soll im 18. Jahrhundert entstanden sein, und niemand ist mit seiner Beschreibung letztlich glücklich geworden. Nach meinem Verständnis ist er eine Einengung, durch die man den kleinen aktiven Teil dessen, was früher oder immer schon als Kunst galt, isolierte und alles andere unter Kunstgewerbe verbuchte. Dieses Kunstgewerbe soll »gut« hergestellt werden, damit es akzeptiert und geschätzt wird und – verkauft werden kann. Und damit es »gut« wird, muss es gemacht werden wie immer schon, muss sich einpassen in einen Kanon, der nur Variationen in einem etablierten Spielraum erlaubt. Was aber »gut«, »nach allen Regeln der Kunst« gemacht ist, was sich den schon etablierten Werten unterwirft, ist keine Kunst. Kunst heißt nicht notwendigerweise, gut zu arbeiten – das wäre nur bedauerliche Zeitverschwendung, mit der sich Anfänger hervortun, um zu zeigen, was sie schon alles gelernt haben. Wenn es Kunst ist, vielmehr: damit es Kunst ist, muss es neue Werte kreieren; es muss nicht nach allen Regeln der Kunst gemacht sein, im Gegenteil: Wenn es als »gut« qualifiziert wird, dann darum, weil es schon fixierten Qualitätskriterien gehorcht und man es folglich gemäß dem von mir umgedeuteten Begriff aus dem 18. Jahrhundert unter der Rubrik »Kunsthandwerk« verbuchen kann.

Ich würde das Geburtsdatum der Kunst verschieben bis zu dem Moment, als es die ersten Namen für Schulen oder Bewegungen gab, das heißt bis zum Impressionismus oder seinen »Vorläufern« im Borges'schen Sinne. Erst als sie sich ihrer selbst bewusst wird, wird aus ihr Wertschöpfung oder, um es weniger prätentiös zu sagen, die Schöpferin von Geschmackskriterien. Ins Spiel kommt die Zeit, die geschichtliche Zeit. Es ist das, was wir »moderne Kunst« oder »Moderne« zu nennen übereingekommen sind: eine auf die Zukunft zielende Teleologie, die sich am aufsehenerregendsten in den Avantgarden verkörperte. Dieser Prozess erreichte in den 1960er Jahren seinen Kulminationspunkt und kam dann zum Erliegen.

Die zeitgenössische Kunst ist vielleicht die Wirklichkeit gewordene Teleologie der Moderne. Sie begreift sich nicht mehr als Vorbote der Zukunft, des künftigen Werdens der Zeit, sondern als schlichte Verwirklichung in der Gegenwart.

»Werte schöpfen« heißt in die persönliche Geschichte des Betrachters eingreifen. Einen Geschmack in ihm entwickeln, seinen Blick verändern. Dies hat sein Äquivalent beim Künstler oder hat es schon gehabt: Von dem Moment an, da sich die Kunst nicht mehr zur Aufgabe macht, handwerklich schöne Gegenstände herzustellen, begibt sie sich in die Dimension des Ungeschaffenen, und die Kunstgegenstände werden zu nichts weiter als zur Stütze des biografischen Mythos des

Künstlers. Je deutlicher die ursprüngliche Idee wird, desto mehr kann er auf Gegenstände verzichten, und tatsächlich verzichtet er meist völlig auf sie, oder er macht sie immer wertloser oder holt sie aus dem Müll. Der Gegenstand wird hinsichtlich der Erzählung, der er entstammt, sekundär. Womit sich der Künstler dem Kunstbegriff des 18. Jahrhunderts verhaftet erweist, weil Werte schaffen Geschichten erzählen heißt.

Die Wertschöpfung durch die Kunst ergibt sich in der Geschichte; ja, sie ist nicht mehr als eine Begleiterscheinung der Geschichte. Der Kunsthistoriker muss feinfühlige archäologische Arbeit leisten, um die zu einem historischen Zeitpunkt herrschenden ästhetischen und anderen Werte zu bestimmen und aufzuzeigen, worin genau das Neue bestand, mit dem ein Künstler den herrschenden Wertekanon veränderte.

Dann aber ... wenn die Kunst in die Phase der endgültigen Gegenwärtigkeit eintritt, und wie es aussieht, ist sie dort angelangt, wird die Wertschöpfung einhergehen mit ihrer geschmacklichen Wahrnehmung. Daher auch kennt die zeitgenössische Kunst keine punktuellen Verweigerer, die lediglich Details ablehnen, sondern nur generelle, massive Feinde: Es gibt keine historische (zeitliche) Phasenverschiebung, in der ein in einem bestimmten Stadium geformter Geschmack mit einem im nachfolgenden Stadium geformten Geschmack kollidiert, es gibt keine Stadien mehr, weder aufeinanderfolgende noch übersprungene, sondern nur noch eine einzige und einzigartige Ebene der plattgedrückten Zeit, die sich selbst gegenwärtig ist. Die Zeit ist Raum geworden, und in die zeitgenössische Kunst tritt man ein oder man tritt nicht ein.

Die Personen, die um den zeitgenössischen Künstler kreisen (Kuratoren, Kritiker usw.) und die in ihrer Gesamtheit die zeitgenössische Kunst darstellen, sehen sich vor die paradoxe Situation gestellt, das geschichtliche *Werden* zu unterscheiden von den *Werten* – außerhalb der Geschichte. Geschichte ist Auswahl und daher für die Ausbreitung der Kunst ein Hemmnis. Einmal von diesem Hemmnis befreit, dehnt sich die zeitgenössische Kunst unermesslich und unberechenbar aus. Noch im entlegensten Winkel von Thailand oder Argentinien sieht sich jemand auf YouTube die letzte Phantasie von Paul McCarthy oder eine Performance von Marina Abramović an; Tausende Künstler stellen jetzt in kleinen oder großen Galerien aus, in großen Museen oder in der Garage ihres Hauses. Einer Redensart zufolge trennt sich mit der Zeit die Spreu vom Weizen, und übrig bleibt demnach nur, was taugt, also das, was ein neues Qualitätskriterium zu schaffen vermochte, mit dem künftighin entschieden wird, was gut ist und was nicht. Doch in der zeitgenössischen Kunst, wenn sie wirklich zeitgenössische, also zeitlos aktuelle Gegenwartskunst ist, wenn es mit anderen Worten die Gegenwärtigkeit, die Aktualität ist, die sie zur Kunst macht, gibt es gerade kein

»mit der Zeit«. Man muss nicht mehr, um Werte zu etablieren, auf das Urteil der Geschichte warten, weil diese neue Art von Kunst, die zeitgenössische Kunst heißt, ihre eigene Dokumentation ist und ihre Geschichte simultan beim Erscheinen schreibt; sie hat es nicht nötig, dass die Zeit vergeht.

Ein traditioneller Filter, der früher die Ausbreitung der Kunst hemmte, war das schwierige und langwierige Erlernen der handwerklichen Techniken. Dieser Filter entfällt heutzutage. Die Gesetze der Perspektive zu lernen oder das Meißeln und Polieren von Marmor oder aber das Lasieren mit Öl, solchen Luxus können sich vielleicht ein paar Exzentriker leisten, die gern originell sein wollen, notwendig aber ist er nicht. Zwar können wir bedauern, dass dadurch Pseudokünstler ins Rampenlicht gelangen, die ihren Aufstieg einzig der so leicht zu handhabenden modernen Technik verdanken. Doch ergibt dies andererseits die so wünschenswerte Möglichkeit, dass wir von den Mozarts und Rimbauds der bildenden Künste erfahren, die früher unbekannt und ohne Werk geblieben wären, weil sie zum Erlernen der handwerklichen Fähigkeiten nicht die notwendige Geduld oder keinen Zugang dazu gehabt hätten. Dieser Situation der zeitgenössischen Kunst nähert sich in schnellem Tempo auch der Film. Ich weiß noch, wie vor Jahren ein argentinischer Regisseur sagte: »Erst wenn der Film aufhört, eine mühselige und kostspielige Schwerindustrie zu sein, und wenn einen Film zu machen so leicht ist, wie nach einem Stift zu greifen und ein Gedicht zu schreiben, erst dann wird sich das Kino mit Fug und Recht Kunst nennen dürfen, und in allem zuvor werden wir anrührende Vorgeschichte sehen.«

Darin steckt natürlich viel Utopie und Wunschdenken. Vielleicht werden die Tatsachen ja das Gegenteil beweisen: dass die Mühsal der Techniken, der Studios und der Finanzierung wesentlicher Bestandteil von Filmkunst sind. Und genauso gut denkbar ist, dass die langwierige Aneignung handwerklicher Vorkenntnisse in Malerei und Bildhauerei womöglich wesentlich ist für die bildenden Künste.

Eine wichtige, ich würde fast sagen: essentielle Wechselbeziehung besteht zwischen der zeitgenössischen Kunst und ihrem militanten Feind, der unermüdlich den Betrug dieser durch den Snobismus der Masse Millionär gewordenen Tagediebe entlarvt und sie mit Schimpfkanonaden belegt, der Bücher schreibt, deren Titel für gewöhnlich »Schuld hat Duchamp« oder ähnlich lauten, und der sich beim Aufzählen von Beispielen höchst alberner Werke aus dem Bereich der zeitgenössischen Kunst (»Kunst« mit dicken Gänsefüßchen) nicht mehr einkriegt vor Wut. Beispiele finden sich zuhauf, und zwar mehr als genug, ja, sie werden ihm so zahlreich auf dem silbernen Tablett serviert, dass man fast glauben könnte, sie würden extra für ihn fabriziert. Beginnend mit Duchamps Urinal, reißt er das Werk aus dem Zusammenhang, aus seiner Geschichte und der dazugehörigen Erklärung, und überzieht es mit solch einem vor Sarkasmus triefenden Kommentar, dass man meinen könnte, das Werk wäre allein dazu geschaffen worden, Gegenstand dieses Kommentars zu werden, und selbiger wäre so etwas wie der Nullpunkt seiner Rezeption. Ohne diese erste Leitersprosse hätte die Rezeption gar nicht zum Flug abheben können.

In den Diskussionen, die der Feind der Zeitgenössischen Kunst anzettelt, stützt er seine Argumentation allermeistens auf imaginäre Beispiele, die seiner aggressiven Phantasie entstammen, und erklärt: »Niemand wird mir einreden können, dass es Kunst ist, mit Scheiße gefüllte Präservative an die Zimmerdecke zu hängen!« Wer das hört, fragt sich unwillkürlich – auch wenn er sehr wohl weiß, dass es ein völlig aus der Luft gegriffenes, weil so überzeugendes Beispiel ist –, ob es dieses Werk (mit Gänsefüßchen oder ohne) nicht doch schon irgendwann gegeben hat. Und wenn nicht, kann es ja noch werden, weil die Logik des erfundenen diffamierenden Beispiels – das eine Form des »irgendetwas« ist – im Ursprung der Kreativität steckt.

Das diffamierende Beispiel ist mehr als nur die Lieblingswaffe des Feinds der zeitgenössischen Kunst. Es steckt latent im Kern der Ausbreitung der Kunst. Es ist das Versprechen auf ihre Realisierung durch die verstandesmäßige Entwicklung jenseits der voraussehbaren, programmierten Wirklichkeiten. Es macht den Weg frei für tatsächliche, nicht abgeleitete Kreativität. (Wobei man auch nicht vergessen darf, dass die Diffamierung, so sie gut gemacht ist, auf ihre Weise auch zu Lob, Genugtuung und echtem Verständnis heranreifen kann; so hat Voltaire seinen *Candide* geschrieben, um sich über Leibnizens These der prästabilierten Harmonie lustig zu machen, während wir ihn heute als die überzeugendste Illustrierung dieser These lesen.)

Daher auch die Formel von »irgendetwas«, die sowohl als Formel der Freiheit als auch der Verantwortungslosigkeit aufgefasst werden kann. Ich sehe in ihr lieber Erstere und bin in der Literatur, die ich schreibe, und in der Kunst, die ich wertschätze, ein glühender Anhänger des »irgendetwas« als Sesam-öffne-Dich der Kreativität. Ich nehme an, es ist legitim, darin auch, so man vom tradierten Gedanken gesellschaftlicher Relevanz von Kunst und Literatur ausgeht, ein Indiz für Leichtfertigkeit und Unverantwortlichkeit zu sehen.

Ein Beispiel für das »irgendetwas«, ein Beispiel von Museumsqualität für Diffamierung oder Selbstdiffamierung, das zwar eigentlich nicht der zeitgenössischen Kunst entstammt, die Sache aber unvergleichlich deutlich auf den Punkt bringt, ist Magrittes sogenannte *»période vache«*. Zu ihr kam es 1948 im Ergebnis spezifischer Umstände, was aufzeigt, dass die gesamte Breite der möglichen »irgendetwas« auch das Gegenteil der Beliebigkeit braucht, ein Zusammenkommen von sehr bestimmten Gegebenheiten. 1948 war Magritte, in Belgien schon ein gestandener Künstler, eingeladen worden, um zum ersten Mal in Paris auszustellen. Mit seinem Freund Scutenaire, einem ebenfalls belgischen surrealistischen Dichter, heckte er den Plan aus, Werke auszustellen, die kein bisschen zu dem Image passten, das sich von Magritte durchzusetzen begann – aber auch zu keinem anderen. Bei der Auswahl eines neuen Stils für ihn setzte er aus Sarkasmus auf das populäre Vorurteil Belgiern gegenüber, die bei den Franzosen als Bauerntölpel galten. Das Maß an Provokation machte er voll, indem er einem anderen Klischee nicht gehorchte und keineswegs den von einem belgischen Provinzler erwarteten Kotau vor dem großen Paris machte. Er malte wild drauflos, jeden Tag ein oder zwei Gemälde, und innerhalb weniger Wochen hatte er die zweiundzwanzig Gouache- und siebzehn Ölbilder fertig, die er für die Ausstellung brauchte. Seine einzige Prämisse war, den französischen Kritikern und Kunstliebhabern eins auszuwischen. Ihm war erlaubt, »irgendetwas« zu malen, ohne jede qualitative, handwerkliche oder thematische Einschränkung, und das tat er: ungelenk hingeschmierte Bilder, ein Männerkopf mit zehn an allen möglichen Stellen aus dem Gesicht ragenden Pfeifen oder mit einem Flintenlauf als Nase, ein Nashorn, das an einer Säule hochklettert, ein Flüchtender mit einem Holzbein, dem ein rotes Huhn hinterherjagt, ein Fußmann, eine Frau, die sich die Schulter leckt, ein Himmel mit Schottenmuster ... Selten sind in der Kunstgeschichte Umstände zusammengekommen, die so günstig waren für das Hervortreten aller im Bild latent vorhandenen Möglichkeiten.

Nach dem Ende der Ausstellung kehrte Magritte nach Belgien zurück; die Bilder ließ er in Paris auf einem Dachboden stehen, ohne sich weiter um sie zu kümmern. Sie hatten dazu gedient, den beabsichtigten Streich zu spielen, und nachdem sie ihre Aufgabe erfüllt hatten, interessierten sie ihn nicht mehr. Aus Magrittes Verhalten sprach die Absicht, sich jedem etablierten Wertekriterium zu entziehen. Es dauerte vierundvierzig Jahre, bis die Bilder 1992 in einer Ausstellung des Musée Cantini in Marseille wieder zusammengeführt wurden. Der nicht nachgedruckte Katalog dieser Ausstellung ist das andere unersetzliche Kleinod meiner Bibliothek. Mehr noch als ein Ausstellungskatalog ist er ein Katalog dessen, was an der Oberfläche des Ungeschaffenen erscheinen kann, wenn man diesem die absolute Freiheit gewährt, die der Künstler suchen sollte. Alle anderen Bilder auf der Welt sind das Ergebnis eines bestimmten Bedingungen gehorchenden Prozesses, in dem Beschränkungen herrschen, die aus der Psychologie, dem Geschmack, der Geschichte, der Gesellschaft herrühren. Es bedurfte der Schnapsidee zu einem solchen Bubenstreich, damit das Magma des Ungeschaffenen zur grenzenlosen, wahrhaftigen Totalität wurde, aus der die neununddreißig Bildwerke hervortraten. Ein jedes von ihnen enthält diese Totalität als ein Stück Freiheit.

Magritte dreht die Formel der Libertins um und sagt: »Wenn mir alles erlaubt ist …« Das Ergebnis bleibt offen oder ist besetzt von diesem wunderbaren Ensemble, dem Denkmal für die zeitgenössische Kunst avant la lettre. Alles soll erlaubt sein, damit, was aus diesem Allem entsteht, den befreienden Wert besitzt, den wir für die Kunst einfordern sollten. Der wie alle surrealistischen Freunde Magrittes über seinen böswilligen Schabernack wütende Paul Eluard schrieb in das Besucherbuch der Ausstellung von 1948: »Wer zuletzt lacht, lacht am besten.« Er irrte, als er auf die Wirkung der Zeit setzte, denn in der zeitgenössischen Kunst, die Magrittes »*vache*«-Bilder natürlich wieder ins Boot holte, weiß niemand, wer zuletzt lacht, da sich die historische Perspektive in Luft aufgelöst hat und Werte in ständigem Werden sind. Es ist, als hätte Magritte die Absicht der zeitgenössischen Kunst noch vor ihr selbst erfüllt, und zwar unter Bedingungen, die sich in der zeitgenössischen Kunst jetzt gar nicht mehr herstellen ließen, weil danach, nach 1970, dieses Magma des »irgendetwas« durch die Oberfläche gebrochen ist und sich das ausgetretene Magma mit den nicht verwirklichten Möglichkeiten vermischen würde.

Ich frage mich, ob die Literatur etwas Gleichwertiges tun könnte. Freiheit ist auch, oder sogar in erster Linie, die Freiheit des Nichtgefallenwollens. Allerdings glaube ich, dass dies der Literatur sehr schwerfiele, weil der ganze Effekt, den Magritte erzielte, auf dem brutalen Quantum von Präsenz basierte, die der Malerei gegeben ist, einer Präsenz, die in der Literatur durch den Sinn vermittelt ist.

Doch der Feind der zeitgenössischen Kunst ist nur ein Teil des Komplexes, in dem neben dem Künstler noch viele andere mitmischen. Eben hierin findet er aber auch eins seiner Argumente: Der Künstler ist nur noch ein Zahnrad unter anderen, und nicht einmal das wichtigste in einem aus Kuratoren, Galeristen, Sammlern, Assistenten, Kritikern und sogar Investmentberatern bestehenden Apparat. Stattdessen sollte er sich als Hauptfigur des Schemas hervortun. Wenn der Apparat drum herum heute wichtiger und vielköpfiger dasteht als er, dann deshalb, weil das Werk des Künstlers an sich ohne den Apparat als unvollständig gedacht wird. Sobald sich das Werk nicht in sich als Produkt abschottet, kann es alles um sich herum mit einschließen, angefangen beim Künstler selbst, den das Werk inkorporiert; und ist die Tür erst einmal aufgestoßen, ist es schwer, sie wieder zuzusperren.

Ein Argument, auf das sich die Schmähung der zeitgenössischen Kunst für gewöhnlich beruft, tatsächlich das zentrale Argument, das der Feind der zeitgenössischen Kunst aus der Tasche zieht, besteht darin, dass sich heutigentags das Kunstwerk nicht ohne den Diskurs trägt, der es umhüllt und rechtfertigt. Es spricht nicht »durch sich selbst«, sondern bedarf routinierter Bauchredner, im Allgemeinen Kritiker oder Kuratoren.

Am Anfang war Duchamp; man könnte fast sagen, er war der Ursprungsmythos, und wie alle Mythen beschränkte er sich nicht auf den ersten Schritt, sondern legte den ganzen Weg zurück, so dass nicht mehr zu tun bleibt, als immer nur noch hin und her zu rennen. Mit der Besonderheit, dass der Diskurs von ihm, sein eigener und explizit Teil des Werkes war. Nicht, dass später die Kritiker, Kuratoren und Historiker sich nicht endlos über sein Werk ausgelassen hätten, aber er war der Erfinder eines Kunstwerks, das in zwei unauflöslichen Teilen daherkam: das Werk und der Diskurs über das Werk. *Le Grand Verre* und *La Boîte verte* waren, oder im Singular: war der erste und endgültige Versuch. Später vervollkommnet mit den Ready-mades, vervollkommnet in Richtung auf schlankeste und eleganteste Einfachheit – beim Ready-made ist das Werk ein beliebiger Gegenstand, der Diskurs ist lediglich die Signatur des Künstlers.

Interessant ist die symmetrische Opposition in diesem Punkt zwischen Duchamp und Dalí, die Freunde waren, sich gegenseitig bewunderten und deren Werke viele Affinitäten aufwiesen. Duchamp war es egal, ob das Werk von einem anderen oder von niemandem geschaffen wurde oder ob es auf dem Trödelmarkt gekauft war, solange der Diskurs, der es zum Kunstwerk machte, von ihm, von ihm ganz allein war (wie es auch nur seine Signatur sein sollte; das bestätigt auch der Umstand, dass er sich bei *La Boîte verte* darum bemühte, seine Manuskripte im Faksimile zu reproduzieren, wie um keinen Zweifel daran zu lassen, dass seine Worte dazu absolut nur von ihm stammten). Dalí hingegen hatte kein Problem damit, dass viele seiner Bücher von anderen geschrieben oder dass seine in fataler Orthografie und noch schlimmerer Syntax verfassten Notizen von anderen in ein annehmbares Spanisch gebracht wurden. Doch sein malerisches Werk war ganz entschieden seins, und er schuf es mit Renaissancetechniken, die einen enormen körperlichen und zeitlichen Aufwand erforderten.

Dass seine Bücher andere schrieben, war Dalí gleichgültig, solange sie seinem Glaubensgrundsatz folgten, der in der für ihn typischen Schlichtheit lautete: »Wer an Dalí denkt, wird geniale Ideen haben, wer über Dalí schreibt, wird Geniales schreiben, und wer Dalís kauft, wird reich werden.« Im Genie-Mythos (typisch für ihn auch die Gleichstellung von Genie und Reichtum) lässt Dalí Werk und Diskurs eins werden, und wenn es Duchamp ist, der dem zeitgenössischen Künstler das praktische Rezept an die Hand gibt, so verleiht Dalí, glaube ich, dem Anspruch Duchamps, beide Welten vollenden zu wollen – den Augenblick des Signierens und die hemmungslose Lust an der Arbeit –, den letzten Schliff. Wobei Duchamp sich ebenfalls am Spiel des Handwerks versuchte, vor allem bei *Étant donnés*, einer Installation, der er bezeichnenderweise kein diskursives Element beifügte.

Das ist sehr anregend, wenn man es auf die Literatur überträgt, wo es allerdings schwieriger ist, eine Duplizität von Werk und Diskurs zu etablieren, da sie bereits Diskurs ist. Bei ihr stellt sich die Frage anders: Warum hat die zeitgenössische Literatur keinen eigenen Feind? Warum hat die zeitgenössische Literatur nicht ihren speziellen Feind? Womöglich weil sich Gegenwartsliteratur nicht als vergleichbare Institution wie die Gegenwartskunst etabliert hat. Es kann aber auch der Umkehrschluss gelten: Dass es keine als solche etikettierte »zeitgenössische Literatur« gibt, kann gut daran liegen, dass sie nicht den speziellen Feind hat, der sie mit seinen Empörungen und seinen Sarkasmen ex negativo sanktioniert hätte.

Womöglich ist die Schwierigkeit, »zeitgenössisch« zu sein, der Literatur inhärent. Im Unterschied zur Kunst, die, sei es wegen ihrer »Aura« oder warum auch immer, über eine so akzentuierte Präsenz verfügt, dass diese ihr Gegenwart verschafft, ist der Stoff der Kunst eher die Abwesenheit; und was die Zeit betrifft, so schafft sie ihre Vergangenheit, ihre

Vorläufer vielleicht dadurch, dass sie stets von entschwundenen Welten spricht, und das ganze Verdienst, worauf die Schriftsteller aus sind, besteht in nichts anderem, als der einzige sichtbare Überlebende eines großen Scheiterns zu sein, des Untergangs der Schönheit der Welt.

Es gibt aber auch ein handgreiflicheres Motiv. Die Hauptantriebskraft der Empörung des Feinds der zeitgenössischen Kunst sind die Millionen, die der Künstler mit seinen Taschenspielereien verdient. Der dieser Spitzenklasse von Künstlern entsprechende Schriftsteller hingegen, der experimentelle, radikale Autor, verdient keine Millionen. Tatsächlich verdient sie der Bestsellerautor, doch er tut es im Schweiße seines Angesichts, er hat seinen Beruf erlernt und übt ihn bewusst aus. Bestseller sind Romane, wie sie vom 19. Jahrhundert herkommen, geschrieben mit Fleiß und beruflichem Können, und außerdem sind sie sehr lang. Ein Feind des Zeitgenössischen hätte nichts, was er ihm vorwerfen könnte.

Das Geld sorgt für gesellschaftliche Legitimierung, und die Geldmeere, die sich in die zeitgenössische Kunst ergießen, sowie die damit einhergehende wundervolle gesellschaftliche Legitimierung erzeugen ein Klima allgemein anerkannter, festlicher Arbeit. Wenn man nach einer Parallele dazu in der Literatur suchte, fände man sie in Schriftstellerheimen, Literaturwerkstätten, Kliniken, Buchmessen, Kolloquien, Kulturtourismus und Experimenten zur Kreativitätsförderung. Das

Schöpfertum im Stillen, das individuelle, asketische Schöpfertum, das mit dem Ziel betrieben wurde, die eigene Unangepasstheit und Lebensuntüchtigkeit irgendwie abzumildern, war eine Besonderheit der Literatur, wie es sie in den bildenden Künsten nie gegeben hat, zumindest nicht als allgemeines Charakteristikum. Und wenn ein Künstler in der Einsamkeit und im Geheimen arbeitete, um Unangepasstheit und Lebensuntüchtigkeit abzumildern, dann tat er das, weil er auch und mehr als alles andere Schriftsteller war. Ein solcher Fall ist Henry Darger.

Vielleicht geht ja heute, im Sog der entfesselten Institutionalisierung der zeitgenössischen Kunst, die Literatur in Richtung derselben Art von Legitimierung und wird zur euphorischen Parade der Erfindungsgabe, wie es heutigentags die zeitgenössische Kunst ist. In diesem Fall werden sich die unverbesserlichen Unangepassten, Randexistenzen und Individualisten ein anderes Ausdrucksmittel suchen müssen. Was vielleicht ganz gut wäre, da wir schon viel Literatur gehabt haben.

Es ist nicht nötig, ad hoc ein Beispiel zu suchen für die heimliche, asketische Arbeit, für den Individualismus der Literatur, wie wir sie kannten; dafür steht Kafka. Was ich in dieser asymmetrischen Parallelität von Literatur und zeitgenössischer Kunst zeigen möchte, lässt sich in folgender Fabel sehen. Nehmen wir an, Kafka hätte es nie gegeben und eine Gruppe von Schriftstellerkollegen schriebe in einem Experiment zur literarischen Kreativität *Das Schloss*, *Die*

Verwandlung und *Josefine, die Sängerin* genau so, bis zum letzten Wort gleichlautend, wie Kafka es in der realen Welt geschrieben hat. Würden die Texte für uns dasselbe bedeuten? Ganz offensichtlich nicht. Weil ihnen das Wichtigste fehlte: Kafka. Und wenn wir wissen wollen, worin dieses Element Kafka besteht, bleibt uns nichts anderes übrig, als zu schlussfolgern, dass die wesentliche Würze geschichtlich ist: ein Mensch, der im Unwiederholbaren, nicht Auswechselbaren und Entscheidenden des Geschichtlichen lebt. Das ist es, was es ihm so schwer und schmerzhaft macht. Er muss sein Werk schaffen, um sich aus der Sackgasse der Angst zu befreien.

Kann sein, ich nehme gerade einen Namen zu wichtig, der lediglich eine Konvention des Kunstmarktes ist: obwohl die weltweite Akzeptanz dieses Namens ein paar Spekulationen erlaubt. Die Etablierung des Zeitgenössischen bedeutet eine Negation der Geschichte, zumindest der Geschichte als Lieferantin von biografischen Mythen, auf die sich der literarische Wert stützte. Eine befreiende Negation vielleicht. Denn was ich kurz zuvor von der Literatur gesagt habe, gilt auch hier: Wer braucht neue Werte? Wer braucht Werte?

Um zum Ende zu kommen, zurück zum Ausgangspunkt.

In einem muss man dem Feind der zeitgenössischen Kunst recht geben, und zwar darin, dass die Schuld bei

Duchamp lag. Sein Werk hatte eine Latenzzeit von einem halben Jahrhundert, während dem der mit Manet oder Cézanne gegebene Impuls weiter wirkte, bis es in den sechziger Jahren praktisch gleichzeitig durch Künstler wie Jasper Johns, Rauschenberg u. a. und teilweise in einer natürlichen Annäherung durch neue Strömungen wie Pop Art, Minimal-Art und Happening wiederentdeckt wurde, nachdem vielleicht (vielleicht eben nur, ich bin kein Kunsthistoriker) der Manet-Cézanne-Impuls erschöpft war. Seither haben wir die zeitgenössische Kunst. Nur dass die zeitgenössische Kunst mit ihrer reichen und, für mich, faszinierenden Mannigfaltigkeit ihren Namen zu Unrecht trägt, weil sie in erheblichem Maße die Kunst der Vergangenheit ist: der Vergangenheit des Lebens Duchamps.

Für Duchamp beginnt das Gesetz des sinkenden Grenzertrags zu wirken, über das ich schon mehrfach geschrieben habe. Ich zitiere daraus: »Wenn wir eine Metallsprungfeder von einem Meter Höhe haben, die am Boden auf einen Punkt einwirkt, und wir legen oben ein Gewicht von einem Kilogramm auf, so verkürzt sich die Feder um neunzig Zentimeter und ist nur noch zehn Zentimeter hoch. Um sie weiter zusammenzudrücken, muss ein Gewicht von einhundert Kilo hinzukommen, das sie noch einmal um neun Zentimeter verkürzt. Um sie dann nur um einen Bruchteil des verbliebenen einen Zentimeters weiter zusammenzupressen, wäre ein Gewicht von mehreren Tonnen vonnöten ... Gleiches lässt sich von der geistigen Arbeit sagen. Euklid schreibt seine *Elemente* innerhalb von nur wenigen Tagen oder auch Stunden; die Arbeit von Tausenden Geometern in den zweitausend Jahren danach fügt nur noch geringeren und marginalen Fortschritt hinzu.« Beispiele dieser Art gibt es zuhauf: Freud, Entdecker des Unbewussten: Hundert Jahre angestrengter Arbeit von Schülern und Nachfolgern gelingt es nicht, sein Werk substantiell zu bereichern, und jeder Anspruch auf Fortschritt reklamiert für sich den Slogan »zurück zu Freud«.

In den Natur- und Geisteswissenschaften gehört ein neues Forschungsfeld erst einmal ganz dem, der es eröffnet hat. In der Kunst ist das nicht unbedingt ebenso. Allenfalls bei Schulen oder Strömungen von Rang und Namen. Der erste Impressionist stand für den ganzen Impressionismus, auch der erste Fauvist, der erste Kubist ... Wobei es im Fall des Kubismus allerdings zwei waren, verschmolzen in einem, und mehr sind es eigentlich nie geworden. Aber auch so ist der Kubismus ein gutes Beispiel: In zwei Jahren war alles getan, und die Gleizes' und Metzingers und Juan Gris', die ihre Nachfolge beanspruchten, hätten nichts Besseres tun können, um in der Bedeutungslosigkeit zu versinken. Schon immer hat mich die gewaltige intellektuelle Anstrengung, die es kosten muss, für Juan Gris auch nur ein Gran Bewunderung aufzubringen, ganz kleinmütig werden lassen.

Die zeitgenössische Kunst, dieses seit 1970 herrschende und sich ausbreitende Etwas aber scheint eine Maschine zu sein, die entworfen wurde, um das Gesetz des sinkenden Grenzertrags Lügen zu strafen. Und das tut sie nicht, indem sie den Gesetzesmechanismus negiert, sondern indem sie ihn annimmt und für sich arbeiten lässt. Die Methode war, den Duchamp-Mythos zu erschaffen und von da aus in seinem Werk das Modell oder die Idee für alles zu finden, was geschaffen wird oder geschaffen werden kann. Objektiv gesehen, stimmt es nicht, dass Duchamp alles geschaffen hat, aber mit ein Quäntchen Phantasie – wobei nicht nur die von Duchamp geschaffenen Artefakte, sondern auch sein Handeln, seine Anekdoten und alle verfügbaren biografischen Elemente dafür sprechen – kann man es behaupten. Damit lässt sich auch stützen, dass Duchamp das schon gemacht hat, und der zeitgenössische Künstler muss nur noch den kleinen Bruchteil von 0,01 % zu den 99,99 % dessen hinzufügen, was von Duchamp entdeckt worden ist. Doch dieses Minimum, eben weil es ein Minimum ist, lässt viel freien Raum, um weiterzumachen. Es hat eine Atomisierung gegeben, die einer Befreiung gleichkommt, und es hat sich ein Manövrierraum von nie gesehener Breite eröffnet. Und nichts stört mehr, nichts beschwert mit seinem Ausmaß, die ganze Debatte wird debattiert, sie läuft im minimalen Rahmen ab. Es gibt keine Picassos mehr und keine

Angst vor Einflüssen. Das Ausnahmephänomen des Genies ist eingekapselt in einer einzigen Figur der Vergangenheit, es überlässt der Gegenwart die Freiheit der Verschiebungen einer Konstellation von vorläufigen und teilweisen Ausnahmephänomenen.

Madrid, 22. Oktober 2010

Inhalt

Erste Auflage Berlin 2016

Göhrener Straße 7, 10437 Berlin
info@matthes-seitz-berlin.de

Originaltitel der Essays:
Duchamp en México, En La Habana, Sobre el arte contemporáneo

Umschlaggestaltung: Dirk Lebahn, Berlin
Satz: Tom Mrazauskas, Berlin
Druck und Bindung: Pustet, Regensburg

ISBN 978-3-95757-139-7

www.matthes-seitz-berlin.de